电子信息技术应用与发展研究

马传涛　著

汕頭大學出版社

图书在版编目（CIP）数据

电子信息技术应用与发展研究 / 马传涛著. -- 汕头：

汕头大学出版社，2024. 6. -- ISBN 978-7-5658-5344-9

Ⅰ. G203

中国国家版本馆CIP数据核字第20242PH126号

电子信息技术应用与发展研究

DIANZI XINXI JISHU YINGYONG YU FAZHAN YANJIU

作　　者: 马传涛

责任编辑: 黄洁玲

责任技编: 黄东生

封面设计: 钟晓图

出版发行: 汕头大学出版社

　　　　　广东省汕头市大学路 243 号汕头大学校园内　邮政编码: 515063

电　　话: 0754-82904613

印　　刷: 河北朗祥印刷有限公司

开　　本: 710 mm×1000 mm　1/16

印　　张: 10.25

字　　数: 200 千字

版　　次: 2024 年 6 月第 1 版

印　　次: 2025 年 1 月第 1 次印刷

定　　价: 58.00 元

ISBN 978-7-5658-5344-9

目　录

第一章 概 述

第一节 电子技术发展简况

在人类的社会生活中，信息的传递是一个不可或缺的环节。随着科技的进步，信息传输技术也得到了很大的发展。无论是人们之间的语言沟通还是书信的往来，无论是古时的高台烽火还是近代的舰船旗语，它们都在追求信息的快速和长距离传递。随着科学技术和生产力的不断发展，特别是电子技术、信息技术和通信技术等现代高新技术的迅猛发展，为人类提供了更快、更好地传递信息的手段，从而使人类进入一个全新的时代——信息时代。到了19世纪，电磁学的理论和实践已经建立了坚实的基础，人们开始探索使用电磁能量传输信息的方法。从那时起，众多杰出的创新和发现接连涌现。

1837年，莫尔斯发明了有线电报技术，这项技术传输了由点和划码构成的信息，并创立了莫尔斯电码，标志着有线通信进入了一个全新的时代。在此后近一个世纪中，人们通过对电磁波传播规律和传输原理的研究，发现了无线电能传输技术，从而使无线电通信成为现实。因为莫尔斯在电报技术上的杰出贡献，人们尊称他为"全球最杰出的发明家"之一。他还把无线电技术应用到广播和通信中去，并获得巨大的成功。他创建的莫尔斯电码进一步为无线电话创造了可能性。无线电技术的出现和发展，为现代社会创造出巨大的物质财富，推动着人类文明向前迈进。显然，最初的人类通信是通过数字化手段来实现的。

1876 年，贝尔创造了一种有线电话技术，该技术能将语言信息直接转化为电信号，并在导线上进行传播。他是最早将无线电技术用于通信事业的人。电报和电话技术的出现，为信息的快速、精确和高效传输开辟了新的途径，标志着通信领域的一大进步。目前，人们已可以把语音、数据或图像等通过电缆传递到任何需要它们的地方。然而，这样的传输都是通过导线来完成的。随着社会的进步和发展，人们已经不能满足于简单地使用无线电传输数据或话音等信息，而是希望通过电磁波来传递信息。是否可以将有线技术转变为无线技术，并通过空间进行信息传输，已经变成一个重要课题。

1865 年，英国的物理学家发表了一篇题为"电磁场的动力理论"的学术论文。这篇论文汇总了之前学者在电磁学领域的研究成果，并导出了电磁场方程（后来被称为麦克斯韦方程），从理论角度证实了电磁波的存在，为未来无线电的发明和进一步发展提供了坚实的理论支撑。

1887 年，德国的物理学者赫兹凭借其卓越的实验能力，确认了电磁波确实存在。研究还证实，电磁波在自由空间中的传播速度与光的速度是一致的，并且能够引发反射、折射、驻波等与光波属性一致的现象。从而使人们对电磁波有了一个全新认识，揭开了人类利用无线电波进行远距离信息传播活动的序幕。基于此，众多科研人员，如英国的罗吉、法国的勃芝利、俄国的波波夫和意大利的马可尼等，都为电磁波通信的研究做出了显著的贡献，其中马可尼的贡献尤为突出。

1887 年，马可尼利用 800kHz 的中波频率，进行了一次从英国到北美纽芬兰的全球首次跨越大西洋的无线电通信实验，这标志着人类无线通信技术新时代的开始。

1894 年，俄国的年轻人波波夫对无线电接收机进行了优化，并增添了天线，然后在 1896 年，他成功地利用无线电传输了莫尔斯电码，其传输距离达到了 250m。

1895 年，马可尼成功地利用电磁波在数百米的距离上实现了无线通信。此后，人们开始把无线电技术应用到军事领域。1901 年，横渡大西洋的官方通信首次得以完成。从那时起，无线电通信步入了实际应用的时期。无线电广播最初使用于军事上，当时采用短波和中波两种波段传送话音和文字信息。然而，在这种情况下，所使用的发射装置包括火花发射器、电弧生成器和高频发电机等，而接收装置则采用了由粉末（或金属屑）组成的检波器，其性能表现相当不佳。

1904 年，由弗莱明所发明的电真空二极管，标志着无线电电子学进入了一个全新的时代。

在 1907 年，福雷斯特创造了被称为电子三极管的电真空三极管。利用这种技术，人们可以构建出具备放大、振荡、混频（变频）、调制、检波、整流和波形变换等多种功能的电子电路。这为现代电子设备的制造提供了关键组件，从而实现了各种电子设备的生产。从此，电子管就在人类社会生活中发挥着巨大而深远的作用。例如，1921 年推出的 2 MHz 警车的移动通信系统便是一个典型案例。此后，随着电子电路应用范围不断扩大和性能不断提高，人们对其要求也越来越高，特别是在军事领域里，电子管更是得到广泛应用，甚至可以说是不可或缺。因此，电子管的出现标志着电子技术历史上的首个关键时刻。

1906 年，费森登这位美国物理学家创建了全球首个广播电台。在 1920 年的时候，美国的匹兹堡举行了它的首次商业广播活动。

1925 年，美国的贝尔德创造了一种机械式的扫描电视。这种电视可以将画面在屏幕上逐行扫描显示出来。在 1927 年，英国进行了 30 行机械扫描式电视的试播。在 1928 年，美国成功地采用了电子扫描技术来进行电视的发送和传输。1945 年，基于三基色的工作机制，美国成功制造了全球首台全电子管的彩色电视接收器。

在电子技术的历史进程中，肖克莱和他的团队在 1947 年创造了晶体三极管（也被称为半导体三极管）。这一发明的显著特性包括其小巧的体积、轻便的重量、低电耗、持久的使用寿命以及出色的抗震性能。由于这些优点，晶体三极管在许多电子线路和设备中已经替代了电子管，这标志着电子技术已经达到了前所未有的高度。从此，广播成为人们获取信息的主要渠道之一。在 1948 年，肖克莱所工作的贝尔实验室，对这项发明进行了报道。

1956 年，摩托罗拉公司成功研发了第一台无线电寻呼机。这种电视可以将画面在屏幕上逐行扫描显示出来。1983 年，在我国上海推出了首个模拟寻呼的系统。随后，随着电子技术的发展和通信需求的不断提高，模拟移动通信设备得到迅速发展，并逐渐取代了数字蜂窝移动通信网。在 1973 年，美国的马丁·库柏创造了全球首个手机电话设备。此后，随着技术和市场的发展，模拟蜂窝数字移动电话逐渐取代模拟蜂窝无线寻呼台，成为主流，并在短短的十几年内获得了快速的成长。1979 年，美国芝加哥成功地进行了蜂窝式移动电话系统（AMPS）的模拟试验，并在 1983 年正式投入商业使用，其工作频段设置为 800/900MHz。从此，人们进入了一个全新的无线通信时代——第三代移动通信技术。1982 年，欧洲建立了被简称为 GSM 的全球移动通信系统，标志着移动通信进入了第二代的时代。

在电子技术的历史进程中，集成电路是第三个显著的里程碑，它始于 20 世纪 60 年代。这种特殊的电路是基于特定的功能或需求，将晶体管与其他相关电路融合，并采用特定的半导体技术制作而成的集成器件。利用这种器件制造电子设备，可以实现性能的提升、体积的减小、设计的简洁性、结构的紧凑性以及系统的合理性。肖克莱的这项重大发现引起了世界各国科学家极大的兴趣和关注，并很快得到发展。在过去的几十年中，随着半导体工艺和集成电路技术的持续进步，无论是中型、大型还是超大型的集成电路都在不断地出现，同时，通用和专用的产品也不断涌现。这些技术对于电子技术、信息处理、计算机技术以及社会都产生了深远的影响。

计算机技术被认为是20世纪最卓越的科技成就之一,它的出现和进步对电子技术的发展产生了深远的影响。电子计算机诞生于第二次世界大战结束后。1946年,世界上首台电子数字积分式计算机诞生。随着科学技术的飞速发展和电子计算机理论研究水平的不断提高,人类终于成功地实现了用计算机控制机械装置并进行运算。接下来,我们看到了第一代(1945—1958年)的电子管计算机、第二代(1958—1969年)的晶体管计算机、第三代(1964—1971年)的集成电路计算机,以及自1971年起的第四代超大规模集成电路计算机的出现。这些计算机的研制都是围绕着如何提高运算速度这一中心而进行的,并取得了重大成果,但由于当时科学技术水平有限,其性能还不能完全满足人类社会生产生活的需要。现在,科研人员正朝着第五代人工智能计算机的方向进行创新,目的是更深入地模仿人类大脑的思考模式。

电子技术自其诞生之日起已经历了超过一百年的发展历程,从电子管时代、晶体管时代到中大规模集成电路时代,现在已经进入了超大规模集成电路和超大规模专用集成电路的新时代。在高速多功能计算机迅速更新换代、手机功能不断更新以及高新电子产品大量出现的背景下,集成电路的巨大贡献是不可或缺的。集成电路在现代工业、国防以及人们日常生活中发挥着越来越重要的作用,它是电子技术、计算机技术、信息处理技术以及半导体制造工艺等多个高科技领域综合进步的必然产物。

第二节　电子信息类学科的科学与技术

从严格的角度看，电子信息学科已经超越了仅仅是一个学科或几个专业的范畴，它已经涵盖了电子、信息、通信、电视、测量、遥感、广播、控制、计算机等多个学科领域，并与新材料、新能源、核技术、航空航天等相关学科建立了紧密的联系。集成电路在现代高科技领域里占据着重要地位，成为当今科学技术的核心和基础，是推动社会生产力飞速发展的动力源泉之一。在早期，电子信息学科主要集中在电真空、半导体、通信、广播、电磁场、电磁波、信息传输和电子测量等领域。但随着理论研究的深化、技术的巨大进步和相关产业的快速发展，电子技术和信息技术已经开始逐步融合。随着时间的推移，其研究焦点逐渐转移到以电子技术为核心的信息技术领域，这一领域的内容和分支正在迅速扩张。目前，确定电子信息学科的界限变得越来越困难，而且很少有研究者能够准确地预测其未来的定义、范围以及可能产生的新的学科领域。

一、信息网络技术

信息网络在全球各国的经济和社会进步中扮演着不可替代的角色，而在信息领域的争夺已成为全球经济竞赛的核心议题之一，其中一个决定性的要素是信息网络架构和关键技术研究的深度。由于电子信息类学科在发展过程中不断吸收其他学科和其他科学门类知识，因此其内涵日益丰富。我国在这个领域的研究得到了充分的关注和强大的支持。

二、测试技术

测试技术在电子信息、工业、交通、军事等多个领域都得到了广泛应用，并占据了重要的地位。随着计算机网络技术的迅猛发展和广泛应用，网络信息安全问题日益受到人们的关注，成为当前国际上信息技术发展中最重要，也最受人瞩目的前沿课题。相较于国外，我国在测试技术方面还存在明显的不足，特别是在构建新型测试技术研究平台和完善测试标准等多个方面，仍需进行大量的科学研究。

经典测试中的信号处理方法主要基于傅里叶变换，通过时域和频域的匹配关系，完成被测信号的滤波、降噪、特征抽取等一系列处理步骤，尤其适合处理线性、时不变的信号。

现代信号处理技术在测试领域涵盖了神经网络、小波变换、模式识别、进化计算、模糊逻辑和人工智能等多个学科领域。这种技术突破了传统的测试观念和方法，能够有效地处理非线性和时变的信号，达到了传统技术难以实现的处理效果。

测试信号处理的方法和算法研究主要涵盖了以下几个方面：基于生物演化和进化的方法、现代数字信号处理技术、智能推理和数据挖掘技术，以及基于模型的数据处理和信息融合技术。

伴随着全球科技水平的迅猛进步，新一代的自动测试系统正在逐渐推向市场。这些系统的核心技术包括：自动测试系统的架构、面向信号的软件开发（确保测试程序的可移植性和测试系统的互操作性）、测试信号的标准化、测试系统与智能诊断系统的整合结构、复杂系统的综合健康管理、先进测试软件的开发方法、并行测试技术、LXI 总线标准以及合成仪器技术等多个方面。这些新技术的应用将大大提高自动测试系统的性能及可靠性。在其中，LXI 总线有助于仪器总线与计算机总线的融合，这表明了仪器总线技术的未来发展趋势。在自动测试领域，传统模拟器件已被数字器件所取代，而新型的高性能数字信号处理器芯片将成为未来自动测试系统中不可缺少的组成部分。合成仪器技术代表了测试测量领域的革命性突破，预计新一代的自动测试系统将大规模地使用这些合成仪器。此外，合成仪器技术为虚拟仪器技术的进步提供了进一步的动力。

在最近的几年中，软测量、射频识别、光电检测以及视觉测量等领域都取得了显著的进步，这些新技术的应用使传统的过程监测系统发生了重大变化。软测量技术，也被称为软传感器技术，是基于某一最佳标准来选择一组与待测过程变量紧密相关且易于测量的变量。通过数学计算和估计手段，这种测量方法在过程控制和优化领域得到了广泛的应用。随着计算机技术、人工智能、数据库技术等学科的飞速发展以及人们对测量精度要求的提高，软测量技术正朝着智能化方向迅速发展。射频识别（RFID）技术属于智能技术领域，是一种新兴的测试方法，其核心思想是通过射频信号在空间中的耦合或传递，达到对物体进行自动识别的目的。

在未来的测试技术发展中，我们应该特别重视以下几个方面：首先是关于自动测试技术和自动测试系统的研究与开发，并在国内进一步探索通用自动测试平台技术以及相关的国际标准实施技术；第二点是加强对自动控制技术和计算机技术等先进技术在自动测试领域的综合应用研究；第三点是关于复杂工程系统中的智能检测、诊断和预测的深入研究；第四点是基于虚拟仪器和网络技术的远程实时监控系统的研究；第五点是自动化设备的设计旨在应用新技术及其在工程领域的实际应用，例如利用嵌入式系统作为平台，来解决研究成果在实际工程中的一些核心技术问题。

三、新型显示技术

在电视、计算机、医疗、航空、军事和测量等多个行业中，显示技术都得到了广泛的运用，并在这些领域中占据了显著的位置。

大部分传统的显示设备主要包括阴极射线显像管（CRT）、发光二极管

（LED）以及液晶显示屏（LCD）。平板显示技术在汽车和大规模集成电路产业之后迅速崭露头角，成为全球第三个具有显著影响力的新兴产业，它已经成为信息社会基础产业和信息技术核心技术之一。随着技术的不断进步，各种先进的显示器件已经开始进入人们的视野，并将对未来的信息产业产生重大影响。新型显示设备主要包括大屏液晶显示屏、等离子体显示板（PDP）、有机发光二极管（OLED）、无机厚膜电致发光显示器（TDEL）、场发射显示器（FED）以及电子纸等多个种类。

这几年平板显示技术的重大前沿技术主要集中在节能降耗和保护环境两大主题上，其主要方面如下：

（1）场序 LED 背光源技术：这是液晶电视技术升级的第一步。

（2）薄膜场效应晶体管（TFT）：这是液晶显示技术发展的必然归属，也是液晶显示在未来平板显示技术竞争中的核心所在。

（3）长寿命材料有机发光二极管（OLED）和高分子发光二极管（PLED）的研究：这是关系到有机电致发光二极管能否进入主流平板显示的关键。

（4）大屏幕电视 TDEL 技术：我国十分支持这一技术的研究与开发，以建设具有中国特色的平板电视产业。

（5）激光电视用半导体大功率激光器的研发：这种电视具有优异的彩色画面和任意屏幕尺寸的优势。

（6）实时立体显示技术的研发：实时立体显示技术具有广泛的应用前景，同时它也是未来虚拟现实显示的基础。

（7）LED 投影光源的研发：它在教学和商务活动中具有独特的优势，投影光源的固体化是其主要发展方向。

（8）自然光阀技术的研发：寻找自然光照是 TFT 平板显示的重大课题。

（9）激光扫描曝光技术：它在平板显示制造业中占有独特的核心地位。

（一）射频识别技术

射频识别技术，也被称为射频标签技术，起源于 1941 年，至今已有数十年的发展历程，现在已经步入了标准化和应用的新纪元。射频识别技术是一种创新的非触摸式自动识别方法，它通过高频电磁波在空气中的传播产生电磁场，从而实现数据的采集和处理。这种技术结合了互联网和通信技术，能够在全球范围内实现物品的追踪和信息的共享。其核心思想是利用射频信号在空间中通过电感、电磁耦合或雷达式（电磁的反向散射耦合）的传输特点，达到对目标自动识别的目的。RFID 技术在邮政、民航、交通票务以及防伪身份证识别等多个行业中都得到了广泛的应用。其中，常见的刷卡系统就是一个典型例子，该系统主要由主控计算机、读写器、天线和电子标签等多个部分构成。

电子标签，也被称为射频标签、应答器或数据载体，通常是一种无源设备，其能量是通过读写器和天线进行传输和耦合的。它具有不受电磁干扰，可与各种电子设备兼容，无须人工干预等优点，目前已成为信息技术领域中最热门和发展最快的高新技术之一。在射频识别系统的应用中，电子标签的数量经常是众多的。

读写器，也被称为读出装置、扫描器或通信器，与电子标签之间的信息是通过电感耦合（如变压器模型中的高频磁场耦合）或反向散射耦合（如雷达原理模型中的电磁场耦合反射）来传输的。由于它们在不同工作状态下具有不同的信号特性，因此其对电磁波传输性能有很大影响，从而也就决定了他们各自的使用环境及其适用性。电感耦合技术通常更适用于中低频和高频的近距离射频识别系统，其工作频率包括 125 kHz、225 kHz 和 13.56MHz 等，而识别的距离通常小于 1m，典型的识别范围是 10cm 至 30cm；反向散射方式通常用于较高频率范围内，系统性能良好，但工作距离远且不太理想。电磁反向散射的耦合方法通常适合超高频和微波段的射频识别系统，其工作频率包括 433 MHz、868/915 MHz、2.45

GHz、5.8 GHz 等，识别的距离超过 1m，典型的识别范围是 3 m 至 15m。

读写器天线和电子标签天线各具独特性质。读写器天线的主要职责是发送信息和为电子标签提供能量，同时也需要接收电子标签发送的信息。这个天线产生的电磁场范围即为读写器的读写区域。每一个读写器都至少有一根天线，但根据具体情况，也可能存在多根天线。因此，读写器天线的设计和选择必须满足特定的条件：

第一，功率匹配能产生最大能量输出，故天线线圈中的电流应尽可能大，以产生最大的磁通量。

第二，频带宽度满足要求，以保证所需已调信号的发射与接收。

目前，在特高频无线电波（UHF）与微波的 RFID 系统中，读写器的天线广泛使用平面型天线，其中包括全向平板天线、水平平板天线和垂直平板天线等多种形式。

电子标签天线是读写器与标签之间传输数据信息的部件，同时还有接收读写器天线辐射能量的功能。标签天线应具有如下特点：

第一，体积小，重量轻，以便嵌入到原本甚小甚薄的标签内部。

第二，有全向或半球覆盖的方向性，以利于接收读写器天线辐射的信息与能量，并能为电子标签提供最强的信息和最多的能量。

第三，天线的极化能与读写器的询问信号相匹配，且与标签所处的方向无关。

第四，具有鲁棒性（抗变换性）。

第五，价格便宜，易于推广。

上述分析表明，选择读写器天线与电子标签天线时，应考虑到天线的类型、天线的阻抗、天线的高频性能等诸多因素。

在 RFID 技术的进步和应用过程中，最核心的挑战是防止碰撞（也就是防止干扰）。本文主要针对在实际使用过程中易出现的几种情况进行讨论分析。其中涵盖了标签与标签、标签与读写器，以及读写器之间的碰撞这三个主题，特别是多标签之间的碰撞尤为常见。

在接下来的几年里，我国 RFID 行业的发展方向应聚焦于共性核心技术的研究与开发，特别是在 RFID 芯片的设计与生产、天线的设计与生产、读写器的研发与制造，以及应用软件、中间件和系统集成技术方面。同时，应初步构建一个基于 RFID 技术的公共服务平台，并扩大 RFID 技术在食品、药物和特种商品等多个领域的应用范围。此外，还需要建立一个实时、动态和可追溯的管理体系，以及我国特有的物品编码和物联网系统，以促进不同行业之间的信息交流和资源共享，并制定与我国国情相符的 RFID 标准和标准体系。

（二）嵌入式系统

嵌入式系统是一个将计算机芯片直接集成到应用设备中的系统，它是信息技术的一种终端产品，融合了集成电路设计、计算机软硬件、通信、多媒体和机电一体化等多个学科的技术。随着微电子技术、计算机技术以及软件技术的迅猛发展，嵌入式系统正朝着小型化、高性能化、智能化及网络化方向发展。嵌入式系统在网络、通信、交通、电视、军事、医疗和智能家电等多个行业中都得到了广泛的应用。

嵌入式系统由嵌入式硬件（嵌入式处理器等集成芯片）、嵌入式操作系统（如 Linux）、嵌入式中间件、应用平台（共性应用平台套件及面向应用的嵌入式软件等）等多个层面组成。

从结构特征上区分，嵌入式系统可分为如下三类：

第一类，IP 级的片上系统（SOC）。根据应用需求，将相应的 IP 集成在一块芯片中。

第二类，板级的板载系统（SOB）。选用相应的处理器，再按需配置必要的存储芯片（ROM、RAM、Flash 等），组成所需的嵌入式系统，并将相应的软件固定在 ROM 中。这种板上系统十分常见，应用广泛，常用的单片机系统即为此例。

第三类，模块化的嵌入式操作系统（SOM）。计算机系统，以嵌入式处理器（例如 ARM、MIPS 等）为核心，被集成到各种应用设备中，并配备了相应的嵌入式实时多任务操作系统。这种系统在工业控制、仪器仪表、消费电子、汽车电子、网络通信和监控设备等多个领域都得到了广泛的应用。

在嵌入式系统领域，待研究和开发的项目众多。其中，被列为国家重点科技项目的课题包括"实时嵌入式操作系统及其开发环境""汽车电子控制器嵌入式软件平台的研发与产业化""针对新型网络应用模式的网络化操作系统""智能手机嵌入式软件平台的研究与产业化""数字电视嵌入式软件平台的研究与产业化"等。这些建设项目都牵涉众多的软件开发和硬件制造难题，它们的投资巨大、周期漫长且风险较高，对我国的信息技术产业产生了深远的影响。由于这些行业的技术进步相对缓慢，因此它们往往成为国家技术创新战略实施中最薄弱的环节。另外，在装备生产和信息服务这两个领域，都有大量的项目迫切需要进一步地研究和开发。

（三）传感器技术

传感器被视为信息技术的发源地，它是把各种物理参数转换为电子信号或其他相关数据的关键设备。这些项目都涉及大量的软件开发和硬件生产问题，具有投资大、周期长、风险高的特点，对我国信息产业发展影响很大。传感器技术在测试、计量、医疗、机械、自动化和数据采集等多个领域都是核心技术，它在某种程度上反映了一个国家的整体科技实力。

传感器技术集合了传感器的工作原理、所用材料、设计思路、制造工艺、性能特点和实际应用等多个方面，它是一个交叉学科，涵盖了材料科学、电子技术、计算机科学、微电子技术和纳米技术等众多领域。传感器作为一种重要的电子元器件，广泛应用于国防军工和国民经济各个领域。新一代传感器的显著特性包括：高度的精确性、数码化、智慧化、微型化、集成化以及网络化。随着科学技术水平不断提高，新技术革命日新月异，对传感技术提出了更高要求，使其向小型化、高灵敏度、低成本方向迅速发展。其中，微机电系统（MEMS）便是一个显著的例子，它是基于微电子技术发展而来的一项重大成就，其尺寸和作用距离能够达到光的波长级别。如今，各式各样的高性能 MEMS 传感器正逐渐替代传统的大型传感器，它们在工业控制、通信、计算机技术、机器人技术、环境监测与保护、车辆运输、生物医学以及航空航天等多个领域都扮演着至关重要的角色，并得到广泛应用。

传感器走向智能化和网络化是传感技术进步的关键方向之一。智能传感器通常配备微型处理器，不仅能处理和存储信息，还能进行逻辑推理和最终的结论判断。随着科学技术的迅速发展和人类社会对信息需求的不断增长，传感器已从传统的模拟式向数字式方向转变。当前，用于传感器网络的主要协议包括 IEEE 802.11 和 IEEE 802.15.4（即 ZigBee）。其中，ZigBee 协议被认为是低速率、低功耗和近距离的传感器网络的首选，结合 ZigBee 协议和 MEMS 技术的"智能微尘"传感器经常被用于军事目的。此外，它也正在物流、仓储、医疗和汽车等多个行业中得到应用。

在接下来的十多年里，我国传感器产业的战略目标将集中在工业控制、汽车、通信和环保等关键服务领域。重点将放在传感器、弹性元件和专用集成电路上，致力于开发具有自主知识产权的原创技术和产品。以 MEMS 工艺为基础，并以集成化、智能化和网络化为基础，我们将加强制造工艺和新型传感器的研发，以使主导产品达到或接近国外同类产品的水平，并努力缩小两者之间的差距。

在电子技术（电子信息）这一学科中，传感器正朝着数字化、智能化和网络化的趋势发展，其中涉及许多关键的研究课题。在分布式控制系统中，传感器的网络化技术、网络化智能传感器的接口标准化技术、无线传感器网络技术、微电机系统（MEMS）技术、光纤传感器技术、激光技术、复合传感器技术以及多学科交叉融合技术等方面，都是值得我们深入研究和持续关注的领域。目前我国对这些新技术的研究还处于起步阶段，与国外发达国家相比差距还是很大的。在此领域内，人才短缺同样是制约其进一步发展的关键障碍之一。

（四）新一代空管系统

空管系统实际上是空中交通管理系统的缩写形式。该系统覆盖了航空导航、航空通信、航空监控、航空气象和航空情报等多个领域，还包括空域管理、流量控制、管制服务、气象服务和情报服务等多个基础设施和技术平台。

从更广泛的角度看，空中交通管理应被视为整体智能交通管理的一个组成部分。除了空中交通管理之外，现代科学研究和规划已经将空中交通管理的研究范围扩展到陆地（尤其是城市交通管理）和水上交通的智能管理，以解决与国家经济和民生相关的重大问题。

新一代的空管系统是星基系统和现代陆基系统高度融合的产物，其发展和建设涉及航天、航空、通信、电子、计算机、控制等多个学科的交叉，是高新技术发展的关键策源地，属于技术密集型产业。新一代空管系统在运行管理上采用了先进的计算机技术、网络通信技术和数据库技术等，并以其独特优势成为民航空中交通管理的核心。此外，该系统还拥有高度的信息共享能力，以及跨区域和跨国界的高效协作能力和时效性。

新一代的空中交通管理系统由通信（C）、导航（N）、监视（S）和空中交通管理（ATM）四个主要部分构成。其中，通信、导航和监视是三大基础设施，而空中交通管理则是管理体制、配套设施和应用软件的综合体现。新一代的空管系统以空间卫星作为其核心特性，也就是说，它是建立在"星基"之上的。导航作为系统的关键组成部分，涵盖了陆地导航、空中导航以及星际导航等多种方式。监视是对系统运行状态进行检测与控制，包括航路规划、飞行计划管理、管制指挥以及地面监控、情报处理等。通信对于系统的正常运行是不可或缺的，而卫星通信则为 CnS/ATM 的实施提供了坚实的基础。监控是确保系统安全的重要手段，这包括雷达系统的监控、自动关联的监控、广播形式的自动关联监控、多点定位的监控以及飞机之间的互相监视等功能。

航空电子指的是飞行器上的电子设备和相关的电子技术，包括通信、导航、各种综合显示系统、飞行管理系统以及满足各种特殊需求的电子设备和技术。自航空电子系统问世之日起，它就随着飞机的高速飞行和远距离飞行特性而持续进化，已经成为现代战斗机中不可或缺的关键组件。作为一种先进的空中平台，航空电子已经逐步演变为具有综合化特征的新型机载信息系统。现阶段，该系统正朝着一个更全面的系统、全球化的信息交流、飞行技术的智能化以及运行协同的新时代迈进。作为一种先进的空中作战装备，航空电子设备具有体积小、重量轻、可靠性高等突出优点，是保证航空器完成各种任务不可缺少的基本部件之一。伴随着信息技术、微电子技术以及计算机技术等先进科技的飞速进步，航空电子产品的更新速度也在持续加快，这对航空电子系统提出了更为严格的标准。因此，研究一种新型航空电子系统已是迫在眉睫。新一代航空电子系统拥有早期识别故障并迅速发出警报的功能，以确保飞行器在恶劣环境下能够安全飞行。

第三节 电子信息技术的发展

在当今时代，电子信息技术被认为是最具活力和最具渗透力的先进技术。从诞生之日起，航空电子系统就伴随着飞机飞行速度快、航程远等特点而不断发展进步，成为现代战斗机必不可少的重要组成部分。积极推进电子信息技术和相关产业的发展，已经变成了全球各国提升综合实力的战略决策、评估国家整体竞争力的关键指标，以及各国争夺发展主导权的战略高地。

一、集成电路——向物理极限接近

如今，集成电路在众多行业中都扮演着至关重要的角色，它已经成为现代信息化社会的核心支柱。随着我国改革开放的不断深入，国民经济持续快速健康增长，人民生活水平日益改善，信息化进程加快，信息产业在社会经济中占有越来越突出的地位。这项技术在电子信息技术的演变中起到了革命性的角色，而在当今的科技竞赛中，集成电路技术已逐渐被视为评估一个国家科技实力的关键标准之一。随着科学技术的进步与人们生活质量的提高，对计算机的性能要求也越来越高，而集成电路作为计算机技术应用最为广泛的核心器件，更是决定计算机技术能否实现产业化以及商业化的关键因素。众人皆知，计算机微型化的主要推动力源于集成电路技术的进步。它不仅有助于缩小计算机的体积，同时微处理器芯片和存储器等也依赖于集成电路技术。

目前，缩小设计线宽已经成为集成电路技术进步的主要方向。在纳米级集成电路加工技术的支持下，集成电路产品已经进入了具有极大规模集成电路（GLSI，集成度超过 10^9）的发展阶段。

这个设备因其小巧的尺寸、轻便的质量、少量的引线和焊接点、持久的使用寿命、高度的可靠性和出色的性能而闻名，同时，它的成本也相对较低，非常适合进行大规模的生产活动。它的出现标志着电子产品向小型化方向又迈出了重要一步。它代表了微电子技术与传统制造方法的融合，是一种新型电子元器件。该技术不仅在工业和民用电子设备，如录音机、电视和计算机等，得到了广泛应用，而且在军事、通信和遥控等多个领域也有着广泛的使用。采用集成电路是电子工业发展的方向，微电子技术已成为现代科学技术中最活跃的领域之一。利用集成电路进行电子设备的组装，其组装密度可以比晶体管增加数十到数千倍，同时，设备的稳定运行时间也会显著增加。

目前，全球的创新格局正在经历深度的重塑，这揭示了我国在集成电路科技领域过去主要依赖以美国为领头的西方国家为主导的国际主导体系，而在体系化创新发展方面存在的不足。鉴于当前的国情和国际科技创新的趋势，我们迫切需要加速基础研究和应用基础研究的进展，以促进国产芯片科技的快速创新和发展，并构建一个具有国际竞争力的体系化创新优势。目前制约中国集成电路产业发展的瓶颈是核心技术受制于人、自主创新能力薄弱，这也是制约集成电路强国建设的重要因素。为了应对上述挑战，我们需要在国家级别上进行高层次的规划，并增强对未来集成电路技术的基本理论和核心应用的支持。

二、软件技术——软件平台化、开源化

作为电子信息技术的一个子领域，软件的发展方向已经从单一产品的竞争转向了基于平台的竞争，各种软件平台逐渐成了竞争的核心焦点。同时，由于缺乏核心技术支撑，我国集成电路产业自主创新能力不足，难以满足经济社会发展对高端产品及服务日益增长的迫切需求。为了更好地满足网络需求，软件供应商在增强软件的网络化功能上投入了大量精力。随着技术的进步和用户对网络服务需求的提高，网络化软件开发模式已经逐渐发展成熟。各式各样的网络软件不断地

被推向市场，并且能够通过互联网获得各种服务。

该软件平台有能力将所有用户所需要的功能模块融合为一个统一、开放且具有标准可扩展性的软件环境。通过在软件中添加各种不同功能的插件或扩展模块，使软件能够实现与其他硬件设备无关的多种操作和控制，如语音通信等。这种做法不仅有助于简化软件开发的复杂性和提升开发效率，同时也能有效地提高用户在应用方面的能力和水平。随着计算机及网络技术的迅速发展，人们对软件产品提出了越来越高的要求，而软件平台作为一种有效手段正日益受到人们的重视和青睐。如今，Windows 操作系统已经崭露头角，成为最受欢迎的软件平台之一。它是一种面向网络的开放式操作系统，在这个平台上运行着许多应用程序和各种数据库。该平台通过其独特的桌面环境，成功吸引了众多独立的软件开发者、开发团队、硬件供应商和系统集成商，他们基于 Windows 平台开发各种应用软件，以提供满足社会上不同用户和不同需求的软件服务。在当今信息化时代，软件已经成为一种重要的信息载体和生产手段，并对经济增长作出了巨大的贡献。随着互联网的普及，软件正在从单纯的产品转型为服务，同时软件行业也正在向服务业转型。

另一个显著的发展方向是软件的开源趋势。目前，开源软件已经成为全球软件开发和服务的主要力量。Linux 等开源软件的发展速度非常快，其技术日益完善，市场规模也在持续增长。同时，开源软件已经成为国际互联网上最为流行和活跃的软件之一。开源软件产品已经广泛应用于操作系统、数据库、中间件和各种应用软件等多个领域，并在实际应用中与各种商业软件进行了整合。开源软件的应用领域正在从网络的边缘应用逐渐转向核心的商业应用，这充分证明了开源软件的逐渐完善和其充满希望的发展潜力。

三、互联网技术——物联网化

互联网应用的开发一直是一个不断受到关注的焦点问题。电视、手机、个人数字助理（掌上电脑）以及其他家用电器和个人信息工具都逐渐向网络终端设备转型，这导致了网络终端设备的丰富多样性和个性化特点，从而打破了传统的计算机上网模式。另外，信息高速公路的建成，为人们提供了一种新的获取信息方式——在全球范围内通过因特网获取所需要的各种信息资源。从另一个角度来看，电子商务、电子政务、远程教育、电子媒体以及网上娱乐技术逐渐走向成熟，同时对用户在专业知识和经济投入方面的要求也在逐步降低；随着互联网数据中心（IDC）等先进技术的出现和服务体系的构建，我们看到了一个日益完善的互联网社交服务体系，这使得信息技术在社会的各个生产和生活领域得到了广泛应用，进一步推动了网络经济的发展。

物联网技术的进步代表了信息技术向前发展的新趋势。目前，开源软件已经成为全球软件开发和服务的主要力量。"物联网技术"的核心和基石依然是"互联网技术"，这是一种在互联网技术基础上进行扩展和延伸的网络技术。物联网技术的应用主要有智能楼宇、智能家居、智慧交通以及其他领域，具有广阔的市场空间。该系统的用户端已经扩展，能够在任何物品或物品之间进行信息的互换和交流。目前全球范围内已经形成了一批拥有自主知识产权的核心技术，包括传感技术、网络通信技术和计算机技术三大关键技术体系。物联网技术可以定义为：利用射频识别（RFID）、红外感应器、全球定位系统和激光扫描器等先进的信息传感设备，根据事先约定的协议，将各种物品与互联网连接起来，实现信息的交换和通信，从而达到智能识别、定位、追踪、监控和管理的目的，这种网络技术被称为物联网技术。目前，我国已经形成了由政府主导，企业参与，产学研结合的产业发展格局。早在1999年，我国的中国科学院就已经开始了传感网络的深入研究，并成功构建了若干实用的传感网络。相较于其他国家，我国在技术研发方面位于全球前沿，拥有明显的技术优势和深远的影响。

四、光学技术——集成化

光电子学关注的是光波的各个波段，包括红外线、可见光、紫外线以及软 X 射线的电子领域。随着科学技术的发展，特别是微电子技术、激光技术、光电子技术及材料科学等学科的迅速进步，光学与光电器件及其相关领域也得到了飞速的发展。随着其技术和应用的迅猛进步，它在社会的信息化进程中扮演着日益关键的角色。

在光电子技术的范畴内，激光技术、光纤技术和光电探测器技术是三大核心技术领域。

现阶段，激光设备主要分为两大种类：半导体二极管激光器和固态激光器。随着技术发展，半导体激光器已经成为激光工业中最重要的设备之一，并在许多领域得到广泛应用。固态激光器的平均功率输出已经从百瓦级别提升至千瓦级别。随着大功率半导体激光器的问世，激光在工业上的应用范围不断扩大。半导体二极管激光器的功率得到了显著的提升，同时其构造和其他特性也正在经历深刻的变革。随着电子技术的不断发展，特别是激光在国防中应用范围越来越广，对激光的要求也日益增高。激光器正朝着全固化、超短波长、微加工以及高可靠性等多个方向进行发展。

光纤作为光通信的主要传输工具，对于推动人类通信技术的进步发挥了至关重要的角色。在过去几十年间，由于光纤通信系统中大量使用光纤，使其成为世界上最先进的通信手段之一，通过单一光纤进行的信息传输已经累积到了万亿级别。随着科学技术水平的提高，光纤将向着更高频率及带宽方向不断迈进。至今，光纤技术已从短波长（0.85μm）进化到长波长（1.3μm～155μm），并从多模光纤进化到单模光纤，同时还研发了色散移位光纤、非零色散光纤以及色散补偿光纤。

光电探测器，例如电荷耦合器件和光位置敏感器件光敏阵列探测器，由于半导体技术的飞速进步，也因此得到了相应的推动，实现了快速的发展。其应用领域包括智能交通、环境监测、农业生产和生活服务以及公共安全领域。当前，光电探测器的主要发展趋势是研发以焦平面阵为代表的光电成像设备。为满足陆地、海洋、空中和天空的信息安全需求，我们将进行高精度、高实时性、多维度和宽幅范围的光电探测，以实现信息的识别、保护、评估和传输。

第四节　　电子信息技术类专业特点

一、先进性与高发展性

信息、材料、能源和基础设施等元素共同构成了人类社会的核心资源，而信息技术的进步正在引发人类生产和生活方式的深刻变革。这些新型光电探测器在军事领域应用广泛，对国防安全和经济建设发挥着巨大的作用。电子信息科学被视为 21 世纪的核心学科，在任何技术创新和生产创新领域，电子技术都是不可或缺的。我国电子信息科学在许多方面已达到或接近世界先进水平。目前，随着超大规模集成电路和专用集成电路的研发以及制造技术的快速进步，计算机的计算速度也在不断加快，新的软件层出不穷。通信、广播和电视系统的数字化和换代标准也在不断更新，航空航天技术的显著成果也在不断推出，这些都充分证明了电子信息科学的快速发展和无限的生命力，以及其先进性和高发展性。在这样一个大背景下，电子信息科学作为一门新兴学科也就应运而生了。随着学科的进步、体系的深入研究、产品的创新、设备的更新以及系统的持续维护和管理，电子信息专业的学生需要投入大量的实践、工作和创新精力。

二、宽口径与可拓展性

为了确保学生在毕业后能够满足不同领域和层次对专业人才的多样化需求，高校的专业教学计划和课程设计都是更加系统和科学的。这主要体现在：首先，我们强调基础知识的重要性，这不仅包括数学、大学物理和英语等基础学科，还涵盖了信号与系统、数字信号处理、数字电子技术基础、模拟电子技术基础、电路分析基础、通信电路原理、通信系统原理、计算机原理与接口、数据结构与算法、软件基础和电磁场理论等核心专业基础课程。作为高新技术之一的电子技术也在迅速崛起，并对经济和科技产生了重大影响。其次，该课程覆盖了广泛的专业领域，包括但不限于通信、计算机软硬件、电子测量、EDA 类以及其他选修科目，例如数字图像处理、语音处理、多媒体与流媒体技术、自控原理、视频技术、微波技术和汽车电子技术等。再次是注重学科交叉融合，该专业涉及计算机科学、信息与通信工程、控制与管理工程、自动化及相关学科等多学科门类，因此其课程内容涉及面非常广，这就要求我们必须加强通识教育。最后，注重实际操作并培养学生在电子工程设计方面的能力，是所有高等教育机构教学活动中最为关键的一环。因此，高校在人才培养方案中就把"工程训练"作为一门独立的课程来建设。该课程通常都设计得非常周到，除了包含传统的课程实验和多个课程设计之外，还通常额外设置了如"电子工程设计""电子实践创新""电子竞赛实训"和"毕业设计"等多个课程或实践环节，另外在各个年级都开设电子线路实验课。此外，高校还组织学生参与各类设计比赛，为每位参赛者提供一个全方位、多角度的锻炼机会，为他们提供一个展现天赋的舞台。

这些实践性的课程设计和布局将多个学科的基本概念、知识和技能完美结合。其中不仅包括硬件和软件，还涵盖了数字技术和模拟技术、低频和高频、电路和系统、有线和无线，以及理论和实践。这种综合性的训练方式旨在帮助学生在毕业后能够适应各种领域的需求，并在相关技术领域进一步拓展自己的职业生涯。

三、高技术难度

这个专业所面临的高技术挑战主要有两个方面。首先，课程学习的难度较高，需要学生具备深厚的数学知识、出色的外语能力、坚实的电路基础理论（如电路分析、信号与系统、电子电路、计算机软硬件、通信电路与系统等）以及广泛的专业知识领域（如通信、音视频、计算机、电子测量、EDA 类等）。其次是理论联系实际和实验技能训练，如模拟电子线路实验教学、数字电子线路实验教学、数字式示波器教学、可编程逻辑器件实验教学等。上面提到的这些课程都具有一定的技术难度，都需要学生给予足够的重视。培养实践能力和创新思维是另一个挑战，特别是在工程设计能力的培养上。这种能力涵盖了系统设计（如方案选择）、硬件电路设计、印制版图设计、智能控制软件设计（包括程序设计和编写）。此外，还包括电路元器件的选择、电路的安装和调试，以及软件的调整和测试等方面。因此，要使这门课取得良好的教学效果，就必须具备一定的实验条件和设备，并且能保证教学进度，同时还要对实验报告进行严格审核并及时反馈给教师。实现这一目标并不是一蹴而就的事情，它要求学生付出极大的努力和精力，经过数年的奋斗和克服各种困难，最终才能达到他们的理想状态。

四、软硬结合、实践创新

所指的计算机系统软件，更确切地说，是指计算机的语言、程序、代码，以及写在纸上的程序、文件、规范、标准、数据等。硬件的定义是指那些按照特定的设计标准和规范，由电子部件、组件、集成芯片和印制电路板等组合而成的设备、产品和系统。软件和硬件共同构成了计算机系统。软与硬的结合意味着它们构成了一个有机的整体。从本质上说，软技术与硬技术相结合就是用先进的科学技术手段对原有的软、硬件进行改造，使之成为适应新需求、具有更高的功能和性能的现代化电子产品、设备与系统。目前的电子产品、设备和系统，基本上都是通过软件来控制硬件电路系统的正常运行和工作，实现智能化的整合。在这种情况下，软件就成了电子产品或系统最基本，也是最重要的组成部分之一。因此，在学习、研究、分析、设计和维护这类产品和系统的过程中，专业人士必须具备坚实的硬件基础和出色的软件知识，否则他们很难胜任这一角色。软实力就是一个企业或机构在市场上所具有的核心竞争力，也是产品和服务能够为用户带来价值的能力。在电子技术领域中的佼佼者，都享有这样的独特优势。

电子技术领域的显著特性是它的实践性和创新性。软件系统包括应用软件和硬件两大部分。经过课程的深入学习和实际操作的培训，绝大部分的学生都能够独立地进行思考、识别问题，并据此来解决这些问题，他们还可以设计和开发各种产品和项目。因此，电子信息技术的应用范围非常广泛，如电子产品制造、计算机通信设备、汽车电子、家用电器等领域都离不开电子电工技术。在日常生活和生产活动中，各种行业都面临着电子技术的挑战，这些问题需要学生去探索和解决。从小型的电子门铃、自行车的自动测速电路、宠物的呼叫器、家用的无线多路灯控制开关，到大型的导游呼叫系统、多通道数据传输系统、在线视频监控系统、汽车轮胎的超温超压自动无线报警系统以及航空驾驶的模拟训练系统，都可以由团队合作进行研发，或者由一个人独立进行研究。只要配备了合适的元器件、最新的集成电路和先进的技术，这些问题都可以得到创新和解决。电子技术的发展是日新月异的。鉴于电子技术产品在体积、空间占用、初期资金投入以及仪器设备解决能力等方面的优势，我们可以最大限度地激发每一位爱好者和设计师的创造力，从而研发出广受欢迎的新产品。

多年以来，由于过分重视引进技术而忽视自主研发，以及过分强调复制和加工而轻视创新的不良风气，导致许多优秀的毕业生和独立大企业在新产品研发、创新设计方面都未能取得成功，反而成了一些跨国公司在技术方面的附庸。因此，电子信息技术基础实验成为一门非常必要且具有一定难度的专业课程。在过去的几年中，我国高度重视这一议题，把创新作为国家的核心政策，把创新教育看作是高等教育机构的教育中心，并且认为电子技术作为各种产品的核心和基石是绝对必要的。高校在人才培养方面坚持以"市场为导向"和"产学研结合"为主线的办学方针。新的教学方案和课程设计充分强调了实践技能和创新思维的培育，使得该专业的特色更为突出。

第二章　电子设备的组成

第一节　电子设备组成模块

综合分析表明，电子设备系统，通常是由信号源、信号调理、信号变换、信号的处理与驱动、信宿、控制系统及存储器几大部分组成。

一、信源

信源是任何电子设备所必需的。

（一）天线

天线是各类无线电接收机（收音机、电视机、手机、通信机等）的信号源，它能将天空中的电磁波转换成电信号送入接收机的输入电路。天线的主要技术指标是它的方向性、频带宽度、工作频率及转换效率。当然，天线也是各类无线电发射机必备的部件。

（二）传感器

主要用于各类数据采集系统或音视频系统，能将各种物理量转换成电信号输出。如温度传感器可以将温度高低转换成电信号输出；力敏传感器能将压力大小转换成电信号输出；送话器能将声音的机械振动转换成音频电信号输出等，这些输出可以是电压，也可以是电流，可以是模拟量，也可以是数字量。

（三）振荡电路

各类信号源、计时系统、计算机、发射机等电子设备所不可缺少的振荡电路，可提供整机系统所需的交流信号（如正弦波信号、矩形波信号、锯齿波信号等），常用的振荡电路有 RC 振荡电路、LC 振荡电路、石英晶体振荡电路、DDS 振荡电路等。

（四）被测系统的待测信号

电压表、示波器、频谱分析仪、频率计等检测设备所需的待测信号，这些信号有强弱之分、种类之别。

二、信号调理

信号调理模块是专门用来对输入信号进行处理的电路，信号调理有时也称为信号变送，常见的电路因设备的不同而有所差异。

（一）信号选择

在各类无线电或电视接收系统中，由于天线送入的信号有多种多样（多个频段、频道），选择电路应按用户需求，选择其中的一种。在接收机中，这一电路常用 LCR 选频电路来实现，俗称"选台"。在数据采集系统中，输入信号可以是多个传感器送入的多路信息，此时，选择电路常为多路开关。对于多路数字信号输入，也可用译码器作为选择电路。

（二）放大或衰减

由信源输入的信号有强有弱，有时相差甚远，如由天线输入接收机的电台信号，低可以是微伏级（甚至更低），高可至数十毫伏级。又如示波器的输入信号，其低可以是毫伏级，高可至数百伏级。信号调理电路的主要作用就是要对弱信号进行放大，对强信号进行衰减。

（三）电参量转换

常见的电参量转换有电流与电压之间的转换、电压与频率之间的转换等，如将某些传感器输出的电流信号转换成电压信号，将某些电压变化转换为频率变化（或相反）等，以满足整个电路（系统）的设计需求。

（四）滤波

滤去不必要的信号，留下所需信息，常见的滤波电路有低通、高通、带通、带阻等几大类。

三、信号变换

信号变换是十分重要的电路，特别是在通信、广播、电视等系统中，信号变换电路是不可缺少的。

（一）A/D 转换

将输入的模拟信号转换成数字信号输出，其过程主要包括采样、保持、量化、编码几个步骤。A/D 转换的主要技术指标是采样频率（转换时间）和变换后的二进制位数（即转换精度）。

（二）D/A 转换

将输入的数字信号转换成模拟信号输出。

（三）频率变换

主要有变频（混频）、调制（调幅、调频、调相等）、解调（检波、鉴频、鉴相等）等电路，作用是对信号的频谱进行搬移，以实现信号的有效传输与信道对信号频带宽度及载频高低的要求，频率变换电路属非线性电路。

（四）数据压缩编、解码

这是音视频数字设备（系统）中不可缺少的电路模块，如在数字电视、网络视频、视频监控等系统中均需对图像数据、语音数据进行压缩，并按一定标准进行编码，以使信息的码率下降、带宽降低。另外，信号的加密与解密、纠错与解纠错也是数据有效传输不可缺少的措施。

四、信号的处理、驱动

这部分电路视设备的功能不同而不同，主要电路有：功率放大，以推动输出设备；频率补偿，以提高音质或画质；滤波，以滤除不需要的信号，使信号更加纯洁或使信号带宽符合系统要求。

五、信宿

信宿是信号的终端设备，是信号的归宿之处。

（一）扬声器

也称喇叭，这是音响系统、电视机、收音机中常用的信号终端。扬声器实际上也是一种传感器，是将电信号转换成机械振动的一种装置。

（二）显示器

将电信号转换成文字、图像的终端（传感器），其种类较多，简单的显示器有数码管 LED，较复杂的有电视机、PC 机用的 CRT 阴极射线管显示器、LCD 显示器（液晶显示器）、等离子体显示器 PDP、LED 等。

（三）打印机

将电信号转换成文字、数据、图形等输出，常用的打印机有喷墨式和激光式等多种，新型的 3D 打印机可直接打印出立体物件。

（四）接口电路

将本设备（系统）数据输出的界面。接口有很多标准和相应的集成电路。

有串行接口 RS-232 、RS-485 、USB 等串行接口，也有并行接口等。

（五）天线

将电信号转换成电磁波由天空将其辐射出去，这是通信、广播、电视、遥控等任一发射机所必需的终端。

六、控制系统

控制系统也称控制平台，它是近代电子设备（系统）不可缺少的单元，是指挥、控制整机系统正常运行的核心，这一核心常常用单片机，FPGA、CPLD、DSP、ARM 等通用或专用集成芯片，由技术人员按用户需求设计程序（软件），对整个硬件电路与系统进行控制，达到智能操作的目的。在稍大的系统中，也可直接利用计算机（PC）对各模块进行控制。因此，在近代的电子设备中，硬件与软件是分不开的，二者缺一不可，它们是一个有机的统一体。

七、直流供电电源

直流供电电源是将输入的交流市电经变压、整流、滤波、稳压后，变成一电压稳定、交流纹波很小的直流电压输出，为系统的各个电路提供能源。直流供电电路一般为串联调整型稳压电路或开关型直流稳压电路。

八、存储器

存储器是存储信息（数据）的模块，在智能化的电子设备（系统）中，通常用半导体集成芯片作存储器，常分读写存储器 RAM 和只读存储器 ROM。

第二节　电路的基本元件

一、电阻器

电阻器一般为线性元件，其上的电压等于电流与电阻值的乘积（$U=IR$），在中低频电路中，电阻器上的电压与电流无相位差，信号经过纯电阻电路也无时间的延迟（无相位移）。电阻的常用单位为欧姆（Ω）、千欧电阻（$k\Omega$）、兆欧电阻（$M\Omega$）。将其分为以下几类：

（一）按功率大小分类

常用的有 1/16W、1/8W、1/4W、1/2W、1W、2W、3W、5W、10W、20W等多种。在集成电路与小型电子产品中，1/16W、1/8W 电阻器是常用的元件。

（二）按形状分类

可分为轴状电阻器、贴片电阻器两大类。

1. 轴状电阻器

电阻引出线由电阻体轴向两端引出。其特点是寄生电感较大、高频特性稍差，常用于中低频电路，轴状电阻器也称同轴电阻器。

2. 贴片电阻器

又称片状电阻器，两端无引线，故也称 LL 元件。这种电阻又分厚膜型和薄膜型两大类，外形均呈矩形片状。其主要特色是体小质轻、寄生参数及高频噪声均甚小，阻值精度高，承受功率大，性能稳定，特别适用于表面贴技术（SMT），故被大量采用。贴片电阻的额定功率在 1/16W~1W 的范围内，最大耐压在 50V~200V 之间。

（三）按所用材料分类

可分为碳质电阻器、碳膜电阻器、线绕电阻器等几大类。

1. 碳质电阻器

有无机合成实心和有机合成实心之分，特点是成本低、寄生电感小、阻值范围宽，但噪声大，目前已很少采用。

2. 碳膜电阻器

这类电阻种类繁多、应用甚广，主要有碳膜、合成碳膜、金属膜金属氧化膜、化学沉淀膜、玻璃釉膜、金属氮化膜等多种。

3. 线绕电阻器

由电阻丝在骨架上绕制而成。特点是阻值精度高、噪声极小、温度系数也小、耐高温、功率大（1/8W~500W），缺点是寄生电感大、高频特性差。

（四）常用固定电阻器

1. 碳膜电阻器

为负温度系数，其稳定性能、高频特性均较好，噪声也较小，阻值范围宽（1Ω~10MΩ）、价格低、脉冲负荷稳定，应用甚广。但精度偏低，最高精度在±0.5%。

2. 金属膜电阻器

为正温度系数，温度系数较小，稳定性能甚好，精度甚高（±0.2%~±0.1%），高频特性好，工作的频率范围宽，噪声较小，体积也小，但脉冲负荷稳定性稍差。

3. 金属氧化膜电阻器

性能优于金属膜电阻器，其高频特性更好，抗酸抗碱能力强，耐热性能好，功率范围大，缺点是阻值范围不够宽（若干欧姆至 200kΩ）。

4. 有机合成实心电阻器

机械强度高，可靠性好，有较强的过负载能力，体积也小，价格低，缺点是固有噪声大，频率特性差，电压与温度稳定性低。

5. 玻璃釉膜电阻器

属厚膜电阻器，特点是耐高温、耐潮湿、稳定性能好，另外其噪声、温度系数均较小，阻值范围很大（4.7 Ω~10MΩ）。

6. 水泥电阻器

坚实、耐热、功率容量大，常用作功率放大器的负载。

（五）特殊电阻器

特殊用途的电阻器有多种多样，常用的有如下几种：

1. 热敏电阻器

其阻值随温度变化而变化，热敏电阻通常又分为 PT 型热敏电阻器、PTC 型热敏电阻器和 nTC 型热敏电阻器。PT 型热敏电阻器精度最高，灵敏度也高，线性良好，温度范围宽，性能最佳；PTC 型热敏电阻器正温度系数，温度范围为室温至 300℃，额定功率很大，从几瓦至几百瓦均有，反应敏捷，可靠性高。nTC 型热敏电阻器，负温度系数，属指数型非线性元件（只有一段线性区），额定功率较小，电阻值在常温时为几百欧至上千欧，温度上升后为几欧至几十欧。

2. 光敏电阻器

也称光敏传感器，特点是灵敏度高，光谱响应范围宽，体小质轻，机械强度高，耐震，抗过载能力强，寿命也长。常用的光敏电阻器有可见光光敏电阻器和不可见光光敏电阻器（红外光敏电阻器和紫外光光敏电阻器）。光敏电阻器的阻值一般随光强增强而减小，其光电阻常为 5 kΩ 以下，暗电阻常为 1~10MΩ。

3. 压敏电阻器

也称压敏传感器，其阻值随外加电压改变而改变。其中的硅压敏电阻器具有负温度系数，可吸收和抑制过电压脉冲；其中的氧化锌压敏电阻器具有良好的限压特性，在高压工作条件时耐浪涌电流的能力强，能限制电路自身的或外部侵入的异常电压冲击，主要用于电子设备的耐过压，耐反压峰值及防雷击高压、电源浪涌电压，以保护电路及元器件的安全工作。

4. 力敏电阻器

这是一种阻值随外加压力改变而改变的一种电阻器，有时也称为力敏传感器或压敏电阻器。这种电阻器可用在力矩计、度量衡、半导体话筒、机械行业诸多方面，应用十分广泛。

5. 排电阻（小型电阻网络）

它是多个电阻的复合体。常分厚膜型和薄膜型两种类型，后者常用于高频精密电路中。表面组装元件的电阻网络有 SOP 型、芯片功率型、芯片载体型、芯片阵列型等四种结构形式。

6. 熔断电阻器

这是一种新型的双功能元件。在电路正常工作时，它具有普通电阻器的功能；当电路发生故障而功率超限（电流过大）时，它会像保险丝一样熔断，而将连接电路断开，起到保护作用，阻值约在 $0.33\Omega \sim 10k\Omega$ 之间。

二、电容器 C

电容器是存储电荷（电能）的元件，电容器上的电压与所存电荷的多少有关，由于电荷的积存需要时间，故电容器上的电压不能突变，其上的电压是所流过的电流的积分。电容 C 的常用单位为法拉（F）、微法（μF）、纳法（nF）、皮法（PF）。电解电容器常用作电源滤波、信号旁路、电路级间耦合等场合，常用的电解电容器有铝电解电容器、钽电解电容器、铌电解电容器等。

（一）铝电解电容器

其主要特点是容量大，有正负极，容量偏差大，可达+50％～-20％，漏电大，Q 值低，寿命短，工作频率低（一般低于 30kHz）。主要应用在低、中频电源滤波级间耦合、退耦、旁路储能。

（二）固体钽电解电容器

其主要特点是容量/体积比大，有正负极性。容量偏差比铝电解小：+20％～-20％。漏电小，Q 值高，寿命长，性能稳定。耐压稳定，价格较贵。主要应用在电压基准、时基基准、精密测量、笔记本电脑主板、新型电视机等电路中，移动通信机、手机、数字、相机等电路，为钽电解电容器的常用型。

（三）液体钽电解电容器、片状钽电解电容器

容量输出能做得较大，有正负极，耐压稍低，价格较贵，引出端加红色或黑色或为长引线者为正极。主要应用在片状钽电解电容器，常用于手机、遥控等微小型精密电子设备。

（四）铌电解电容器

体积小，但体积要比钽电解电容器大一点，有正负极。漏电小，Q 值高，性能稳定，工作温度范围宽，价格贵。主要应用在于新一代手机等小型精密电子设备中。

容量与体积均较大的电容器，其容量、耐压乃至容值误差均以数字形式直接标注在电容体的表面，一目了然。对于体积小，不易在电容体上直接标注参数的电容器，有多种方式解决，例如：

1.3 色环标注法

这是普通电容器的标注法，其电容量的误差较大，均为±20％，色环的左侧两色表明电容容量的数值，右侧末位色环表明前两位数后面应添加"0"的个数，各色环所对应的数值与电阻色环完全相同。

2.4 色环标注法

左侧1、2环表明电容器容量数值，第3环表明前两位数后面应添加"0"的个数，右侧末环为电容值的误差大小。

3.3 位数字标注法

前两位数表示电容器容量的数值，末位表示前两位数后面应添加"0"的个数。

4.3 位数字加一位字符的标注法

前3位数字表示电容器容量的数值，末位表示容值的误差大小。其中，J表明误差为±5％，K为±10％，M为±20％。

三、电感器 L

电感器是能够把电能转化为磁能而存储起来的元件。电感器的结构类似于变压器，但只有一个绕组。电感器具有一定的电感，它只阻碍电流的变化。如果电感器在没有电流通过的状态下，电路接通时它将试图阻碍电流流过它；如果电感器在有电流通过的状态下，电路断开时它将试图维持电流不变。电感器又称扼流器、电抗器、动态电抗器。由于磁能的多少与所流过的电流大小有关，任何能量的存储与释放均需要时间，故电感器上的电流不能突变，其上的电压（反电势）是所流过电流的微分。电感器常用作扼流、滤波、振荡、选频等多种电路，电感量的常用单位为亨利（H）、毫亨（mH）、微亨（μH）、纳亨（nH）。

（一）电感器的组成结构

其结构一般由骨架、绕组、屏蔽罩、封装材料、磁芯或铁芯等组成。

1. 骨架

骨架泛指绕制线圈的支架。一些体积较大的固定式电感器或可调式电感器（如振荡线圈、阻流圈等），大多数是将漆包线（或纱包线）环绕在骨架上，再将磁芯或铜芯、铁芯等装入骨架的内腔，以提高其电感量。骨架通常是采用塑料、胶木、陶瓷制成，根据实际需要可以制成不同的形状。小型电感器（例如色码电感器）一般不使用骨架，而是直接将漆包线绕在磁芯上。空芯电感器（也称脱胎线圈或空芯线圈，多用于高频电路中）不用磁芯、骨架和屏蔽罩等，而是先在模具上绕好后再脱去模具，并将线圈各圈之间拉开一定距离。

2. 绕组

绕组是指具有规定功能的一组线圈，它是电感器的基本组成部分。绕组有单层和多层之分，单层绕组又有密绕（绕制时导线一圈挨一圈）和间绕（绕制时每圈导线之间均隔一定的距离）两种形式，多层绕组有分层平绕、乱绕、蜂房式绕法等多种。

3. 磁芯与磁棒

磁芯与磁棒一般采用镍锌铁氧体（nX 系列）或锰锌铁氧体（MX 系列）等材料，它有"工"字形、柱形、帽形、"E"形、罐形等多种形状。

4. 铁芯

铁芯材料主要有硅钢片、坡莫合金等，其外形多为"E"型。

5. 屏蔽罩

为避免有些电感器在工作时产生的磁场影响其他电路及元器件正常工作，就为其增加了金属屏幕罩（例如半导体收音机的振荡线圈等）。采用屏蔽罩的电感器，会增加线圈的损耗，使 Q 值降低。

6. 封装材料

有些电感器（如色码电感器、色环电感器等）绕制好后，用封装材料将线圈和磁芯等密封起来。封装材料采用塑料或环氧树脂等。

（二）电感分类

电感分类为自感器和互感器。

1. 自感器

当线圈中有电流通过时候，线圈的周围就会产生磁场。当线圈中电流发生变化时，其周围的磁场也产生相应的变化，此变化的磁场可使线圈自身产生感应电动势（感生电动势）（电动势用以表示有源元件理想电源的端电压），这就是自感。

用导线绕制而成，具有一定匝数，能产生一定自感量或互感量的电子元件，常称为电感线圈。为增大电感值，提高品质因数，缩小体积，常加入铁磁物质制成的铁芯或磁芯。电感器的基本参数有电感量、品质因数、固有电容量、稳定性、通过的电流和使用频率等。由单一线圈组成的电感器称为自感器，它的自感量又称为自感系数。

2. 互感器

两个电感线圈相互靠近时，一个电感线圈的磁场变化将影响另一个电感线圈，这种影响就是互感。互感的大小取决于电感线圈的自感与两个电感线圈耦合的程度，利用此原理制成的元件叫作互感器。

第三节　基本 RCL 电路

RC、CR 这类电路是最基本最常用的一种电路。

RC 电路：既可作耦合电路，也可作积分电路，也称低通滤波电路，也可作移相电路。

CR 电路：既可作耦合电路，也可作微分电路，也称高通滤波电路，也可作移相电路。

所谓耦合电路就是能将输入信号尽可能不失真地传输至输出的电路；所谓积分电路即是对输入信号作积分运算（处理）的电路；所谓微分电路就是能对输入信号作微分运算（处理）的电路。

低通滤波电路即能让输入信号中的低频分量通过，而滤除其中的高频分量；高通滤波电路即能让输入信号中的高频分量通过，而滤除其中的低频分量。

基本 RLC 电路是电子技术中常用的电子线路，它们可组成各种滤波电路（选频电路），如低通滤波、高通滤波、带通滤波、带阻滤波等，它们在振荡、放大、匹配等系统中均占重要位置，RLC 最常用的电路是串联调谐电路和并联调谐电路。

第三章 信号与系统分析基础

第一节 信 号

一、什么是信号

人们所熟悉的声音、图像、文字、符号、温度、压力、转速、光强等的变化就是某种信息，这些信息经过传感器（转换器）变换成电压或电流等即成为相应的电信号。在电子技术中的信号若无特别指定，则均为电信号。电信号的函数可以为电压、电流，也可以为电荷、磁通、频率、相角等。

例如：人的声音经过送话器（俗称话筒或麦克风），即转换成音频电信号；一幅美丽的图画经过摄像机镜头中的电荷耦合器件（CCD）光电转换器件（也称图像传感器）即转换成模拟视频信号输出，而彩色显像管或显示器（电光转换器件）则能将红（R）、绿（G）、蓝（B）三基色信号在屏幕上显示出艳丽的光像，还原出由电视台摄像机录制的原创画面。

简单来说，所有恒定或不断变化的电压和电流都被统一称作信号或电信号。信号是在人与物体之间传递和交换能量的信息载体。无论是送话器传递的电压波形、接收机天线接收的信号，还是信号发生器输出的信号，干扰、噪声、电磁波和宇宙射线都被视为信号。所以，信号就是各种不同性质的能量在时间和空间中的表现方式。信号具有极高的复杂性，同时也是极其关键的。因为信号不仅与人有关，还与设备有关，甚至与我们自己的生活息息相关。无论是哪种电路或电子设备，它们的设计都是为了处理特定的信号。信号的种类决定了电路的设计，当信号发生变化时，电路也会相应地进行调整。因此，在电路设计时就要考虑到如何把输入的各种不同频率的信号变成我们所需要的电信号。例如：用于描述人类声音的音频信号是一种低频模拟信号，频率范围在 20Hz 至 20kHz 之间，通常用于处理这类信号的电路是低频模拟放大器，包括电压放大器和高效功率放大器；电视台发送的信号是高频已调信号（范围从几十兆赫到近千兆赫），因此接收机中必须包含高频放大器、变频器、中频放大器、解调器等多种处理电路；电视机接收到的电视图像信号就是高清晰度电视系统所需要的视频信号处理设备，因此电视机中就有许多类似于数字式电视的处理电路；计算机主要处理数字信号，这导致了大量基于门电路和触发器的数字集成电路的设计。

所以，在分析电子线路、讨论电子设备时，首先要弄清的就是它要处理的是什么样的信号，以及信号在电路中的流通与变换，再结合所学的各种电路知识及系统组成，就可以走通电路、掌握系统，设计维护即能自如。

总之，信号分析是设计电路、理解系统、调整测试、排除故障的一把金钥匙。深入掌握信号的特征和内涵是学好电子信息技术概论及各类电学课程的关键所在。

二、信号的种类

信号的种类有很多，分类的方法也很多。即便是同一种信号，在不同场合也有不同的名称。在电子技术与通信系统中，经常使用的信号名称有基带信号、调制信号、低频信号、高频信号、模拟信号、数字信号、周期信号、非周期信号、音频信号、视频信号、确定信号、随机信号等。但从本质而言，各种信号只分两个大类，即确定信号与随机信号。

（一）确定信号和随机信号

确定信号也称规则信号。对于指定的时刻均有确定的函数值与其相对应的信号即称为确定信号。例如周期性正弦波、锯齿波，方波等均属于确定信号，其电压或电流均可以用不确定的时间函数来表述。

随机信号也称为不规则信号。在指定的时刻没有确定的函数值与其相对应的信号，即称为随机信号。例如常见的干扰、噪声等均属于随机信号，通信、广播系统中被传输的信号，一般情况下都是不确定的随机信号。这些系统中所传送的信息（如数码、音乐、图像、文字等）通常是不可预测、不能确定的。随机信号的分析是很复杂的，它只能采用统计的和概率的方法来讨论。对于通信、广播系统而言，为了便于分析，在说明系统的工作过程和电路的工作原理与特性时，主要还是借用（采用）确定信号进行研究。

（二）基带信号和频带信号（调制信号）

经过各类传感器（转换器）变换出来的电信号即称为基带信号。基带信号能很好反映出原信息变化的特性，如送话器输出的声音信号、摄像头输出的图像信号、温度传感器输出的反映温度高低的电信号压力、传感器输出的反映压力大小的电信号等都属于基带信号。也可以认为基带信号是未经调制，未经频谱变换，能直接反映信息变化状态的一种信号。直接将基带信号由一地传向另一地的系统称为基带信号传输系统，如有线广播、有线电话传输系统、闭路电视监控系统等均属于此。

频带信号是经过调制后的信号，即已调信号。人们常见和常用的通信、广播系统不是基带信号传输系统，它们是利用调制技术将基带信号的频谱搬移到（调制到）信道所规定的频率范围内，然后再进行传输的系统。

（三）模拟信号和数字信号

这两种信号是电路与系统中所要处理的两类最基本的信号。所谓模拟信号，是一种时间的连续函数。对于任一个时间值，都有一个确定的函数值与其相对应，即对于时间和幅值都是连续的信号就是模拟信号。在实际应用中，模拟信号与连续信号两个名词往往不予区分。在电子系统中，很多信号都是模拟信号，如音频信号、视频信号、交流供电信号、温度变化信号、压力变化信号等都属于模拟信号范畴。

所谓数字信号，是一种不连续的时间函数，即对时间轴而言，其函数值是不连续的。通常它只有高低两个电平的变化，分别代表信号的有无、开关的通断。如开关信号、电键通断信号、A/D 变换器的输出信号、计算机内所处理的信号等都属于数字信号。

（四）低频信号与高频信号

这两类信号一般都属于模拟信号范畴，所谓的高频与低频，其实没有绝对的分界线，它们间只是一个相对的概念。例如几十千赫的信号和几百千赫或几兆赫的信号，前者为低频，后者为高频，而后者和几十兆赫或几百兆赫的信号相比较，就成了低频或中频信号了。

通常以最高频率为几十千赫以下的信号为低频信号，20Hz~20kHz 的音频信号（声音信号）是其中的典型代表。传统的低频电路课程或模拟电路课程，所分析研究的就是这一频段电子电路的组成、工作原理与设计方法。而传统的高频电路课程（现称通信电路原理）则讨论几百千赫至几百兆赫这一频段范围内各种电子电路的结构，工作原理与实际应用。千兆赫以上信号的处理电路则属于微波电路。

第二节　系　统

一、什么是系统

系统是指由若干相互作用和相互联系的事物组合而成的具有特定功能的整体。在日常生活中，会遇到各种各样的系统，例如生态系统、循环系统、电力系统、操作系统和通信系统等。本书主要讨论电系统和通信系统，它的基本作用是对输入信号进行加工和处理，将其转换成需要的输出信号。

系统理论的研究主要包括系统分析和系统综合两个方面。系统分析是指在给定系统条件下，研究系统对于输入信号（激励）所产生的输出（响应），并据此分析系统的功能和特性；系统综合又称系统设计，它按照某种需求首先确定给定激励的响应形式，然后根据输入输出关系设计出符合要求的系统。

二、系统的分类

在电子信息技术中，不同场合、不同的电路中，系统的名称会各有不同，其区分概述如下：

（一）线性系统

由线性元器件、部件组成的系统，这种系统具有均匀性（齐次性）与叠加性。所谓叠加性是指当几个激励信号同时作用于系统时，系统总的输出响应等于每个激励单元作用所产生的输出响应之和；而均匀性的含义是：当输入信号（激励）乘以常数时，系统的输出响应也会倍乘相同的常数。

（二）伪线性系统

不满足叠加性和均匀性的系统均为非线性系统，这种系统中均含有非线性元器件或部件。例如 B 类（乙类）、C 类（丙类）、D 类（丁类）功率放大电路、调制解调电路、混频电路、锁相环电路等均为非线性电路或伪线性系统（小系统）。在一定的工作条件或假定下，非线性系统（电路）可近似成线性系统。在自然界或科学技术领域中，非线性状态或伪线性系统是绝对的，而线性状态或线性系统则是相对的、局部的。正如地球的表面是非线性的，但在一个不大的面或不长的线段上，它可以看成线性的。又如晶体管的输入特性和传输特性是非线性的，但在电压足够小的区段，可以认为它是线性的。

（三）按系统内元器件或部件的参数随时间变与不变来区分

1. 时不变系统

系统内元器件或部件的参数不随时间变化而变化的系统称为时不变系统，也称非时变系统或定常系统。这种系统的数学模型是一个常系数线性微分方程，例如放大电路就是一个放大倍数为常量的时不变系统。

2. 时变系统

系统内元器件或部件的参数随时间变化而变化的系统，也称为参变系统。例如晶体管混频电路就是一根管子跨导随本振信号变化而变化的时变系统（电路）。通常，系统中的 R、C、L 元件的参数值为一定值，不随时间的变化而变化，这样的系统即为时不变系统或定常系统，但在某种条件下，电阻可随温度变化（热敏电阻）、随压力变化（压敏电阻）；电容可能随外加电压变化；电感可随电流的大小变化；等等，这样的系统就不是定常系统，而是时变系统了。

（四）按所处理信号是否连续或离散来区分

1. 连续时间系统

系统的输入和输出都是连续时间的信号，则此系统为连续时间系统。所谓连续时间信号是指在连续时间的一切值上都有确定意义的信号。常用的 R、L、C

电路基本是连续时间系统。

2. 离散时间系统

系统的输入和输出都是离散时间的信号，则此系统为离散时间系统。所谓离散时间信号是指函数值为不连续的离散序列，计算机就是一个典型的离散时间系统。

3. 混合系统

既包含有连续时间系统，又包含有离散时间系统的系统称为混合系统。实际工作中，这种混合系统更为常见，当前的通信系统、电视广播系统、某些自动控制系统等基本是混合系统。

上述这些系统可以是线性的，也可以是非线性的；可以是时变的，也可以是非时变的。连续时间系统的数学模型是微分方程（线性的或非线性的，常系数或变参数微分方程），离散时间系统的数学模型是差分方程（线性的或非线性的、常系数或变参数差分方程）。

第三节　信号与系统

信号既是信息的呈现方式，也是信息的传递工具，而信息则是信号的详细描述。因此，信号和信息之间存在着一定的联系，这就是"信号"这一概念的内涵。在电子信息技术的研究领域里，人们主要关注的是电信号，这些信号通常以电流和电压的形态出现。电信号具有非接触式和无接触性两大特点。在电子设备的构成中，电子元件和电子电路等都被视为有形的实体，而这些元件处理的是那些无形且无法触摸的电信号。因此，在电子设备的内部也必然会存在着各种不同种类的电信号。信号构成了电子设备的神经网络，也是电子系统的基础结构。因此，对电子产品来说，信号就是其灵魂和命脉。信号的性质决定了电路的设计，而这些电路是专门为了处理这些信号而构建的。

一、电路与信号

电路的主要功能是处理信号，这一点已经是公认的。在信号处理中，模拟电路占有很大的比重。由于信号的差异，所需的电路设计也会有所不同：模拟信号主要通过线性和非线性电路进行处理，其中放大器和频率转换电路（如调制、解调、变频等）是核心部分；而数字信号则依赖于门电路为基础的组合逻辑电路（如加法器、编码器、译码器等）和时序逻辑电路（如触发器、计数器、寄存器、存储器等）来进行处理和转换。因此，在电路设计过程中，必须考虑如何把模拟和数字两种信号源结合起来，以使两者达到完美的统一。当需要利用数字电路处理模拟信号，并将其恢复为模拟信号时，必须进行模数（A/D）和数模（D/A）电路之间的转换操作。模拟信号处理在通信领域里应用很广，而数字信号处理又在信息传递方面有着独特的作用。计算机内的音频卡和视频卡，以及电视接收机的某些数字化处理电路，都是这一领域的经典实例。

二、系统与信号

在通信、广播系统中，信号决定了体制，决定了收发电子设备电路的选取与设计。以现今的广播电视为例，它仍然是模拟信号体系，电视发射台所发出的是模拟电视信号，故电视接收机的高频放大电路、混频电路、本机振荡电路、中频放大电路、自动增益控制电路（AGC）等均为高中频模拟电路。目前，即便是号称为数字式的电视机，也只是在视频检波后将视频信号以 A/D 转换后用数字电路进行处理，然后再以 D/A 转换，恢复出模拟视频信号，送显示部件显示出图像，故它不能称为数字电视机，充其量只能称为局部数字化的电视机。而只有从图像信号的采集、处理、转换、传输、显示等全部过程均以数字信号为对象，以数字电路为载体的体系和设备，才是真正意义上的数字电视。目前全国各地的有线电视台均在播数字电视节目。为了能在传统的电视机上收看这些节目，需借助于电视机顶盒对数字电视信号进行处理，使其转换成模拟电视信号再送至电视机接收。

第四节　电路与系统

电路可以被视为电系统的核心组成部分，或者更准确地说，系统是由电路和各种电子设备构建而成，其中一个部分可以被看作是树木，而另一个部分则可以被看作是一个完整的森林。

电路，也被称为电网络或网络，在研究普遍的抽象规则时，常常使用"网络"这个词，但当涉及特定的具体问题时，它通常被称为电路或电子电路。电路是电子技术和计算机技术发展到一定阶段所产生的一门新兴学科，它在许多方面与其他学科有密切的联系。电路是一个由电阻、电容、电感半导体器件、集成电路等多种元器件组成的单元，这些元器件通过导线、接插件等进行连接，以实现特定的功能。在一般情况下，任何一种元件都可以看作一个独立的电路系统。各种电子电路和其他相关组件（如传感器、显示屏、键盘等）根据设计规范组合成一个有机的整体，这就是我们所说的系统。系统一般可以分为狭义和广义两大类。从更广泛的角度看，一个系统是由多个互相关联的元素（如电路、组件等）组合构成的，拥有独特功能的有机结构。

电子电路的种类繁多，包括数字电路、模拟电路、高频电路（也被称为通信电路）和控制电路等。这些电路构成了电子设备的核心部分，是学习电子技术的必不可少的部分。在电子学的领域，有许多不同的系统类型，例如常见的数据采集系统、通信系统、广播系统、控制系统、计算机系统、指挥系统、监控系统、有线电视系统、汽车电子系统、卫星定位系统、生产自动化系统和电子导航系统等。电子线路就是将各种不同种类的设备或装置连接起来形成一个有机整体的过程。上面提到的这套系统涵盖了众多的电子设备，而每一种电子设备都是由多个电子电路和相应的组件构成的。

在电子信息、通信工程、电子测量、生物电子工程等专业中，通信系统、广播电视系统、信息处理系统、计算机系统、电子测量系统、数据采集处理（传输）系统是要重点讨论的，这些系统同样包含多种电子设备，多种类型的电子电路。比如通信系统是由发射设备（发射机）、接收设备（接收机）、控制设备（一般为微处理机）、传输媒介等几大部分组成，而发射机又是由振荡电路、倍频电路、功率放大电路、调制电路、控制电路、音频放大电路、匹配网络及天线等功能电路组成，接收机则由天线、输入、回路、高频放大电路、混频电路、本振电路、中放电路、解调电路、低频放大电路、自动增益控制电路、自动频率调整电路（AFC）、控制电路、显示电路等组成。又如数据采集系统是由传感器、信号调理电路、A/D 转换电路、微机控制电路、存储电路、显示电路、D/A 转换电路、输入输出接口及键盘等电路组成。

广义而言，系统的概念不仅限于电子学领域，它所涉及的范围十分广泛，应当包括各种物理系统和非物理系统、人工系统及自然系统。电子技术领域所涉及的系统均为物理系统和人工系统。

随着科学技术的发展，人工系统（如通信系统、计算机网络、数据采集与处理系统、广播电视系统等）之规模日益庞大，内部组成也愈来愈复杂，人们致力于研究将系统理论用于系统工程设计，使较复杂的系统最佳地满足预定要求。

在系统或网络理论研究中，包括系统分析与系统综合（或网络分析与网络综合）两个方面。在给定系统的条件下，研究系统对于输入激励信号所产生的输出响应，这就是系统分析问题。而系统综合则是按某种设计需求先提出对于给定激励的响应，而后再根据此要求设计（综合）系统。分析与综合二者密切相关，但又有各自的体系和研究方法，一般而言，系统分析更显重要，它是学习综合的基础。

第四章　模拟电子技术基础

第一节　半导体

一个物质的导电特性是由其内部的原子构造所决定的，是指在外场的作用下，载流原子与电极之间发生电荷转移或库仑阻塞效应等物理过程。导体通常是低成本的元素，其最外层的电子很容易从原子核中解脱出来，变成自由电子，这种可以携带电荷的粒子被称为载流子。在磁场中，由于金属原子与磁性中心的距离很小，因此它只能作为一个磁矩，不能携带电荷。在外部电场的影响下，载流子会进行方向性的移动，从而产生电流。因此，导体只能是价态在一定范围内变动的金属或合金。高价元素的外层电子由于受到原子核的强烈束缚，很难转化为自由电子，因此其导电性能极为不佳，故被称作绝缘体。在所有半导体中，又以硅作为主要组成成分之一，它是一种具有特殊性质的无机非金属材料。位于导体与绝缘体之间的物质被称作半导体，在常用的半导体材料中，硅（Si）和锗（Ge）都是四价元素，它们的外层电子既不像导体那样容易被原子核束缚，也不像绝缘体那样被原子核紧紧束缚，因此它们的介电性能介于这两种材料之间。

在受到光照和热辐射的影响下，半导体的导电特性会发生显著的变化。当在形成晶体结构的半导体中人为地加入特定的杂质元素时，其导电特性仍然是可以控制的。这种材料在光、热以及其他因素影响下会发生一系列物理或化学性质改变，从而产生许多奇特而有趣的现象，如透明导电薄膜、量子点及纳米晶体等。

由于这些独特的属性，半导体有能力被加工成多种电子设备。

一、本征半导体

以硅半导体为例，将硅材料提纯后形成单晶体，这种完全纯净的具有晶体结构的半导体称为本征半导体。单晶体中的硅原子在空间排列成整齐的点阵（称为晶格），每个硅原子的最外层有 4 个电子，称为价电子。这 4 个价电子既受本身原子核的吸引，又受相邻原子核的吸引，从而使每个硅原子和相邻的 4 个硅原子通过共用价电子对形成牢固的共价键。这样，每个硅原子都有 4 个共价键，使硅单晶获得比较稳定的原子空间晶格结构。

常温下，仅有极少数的价电子因热运动获得足够的能量，挣脱共价键的束缚，游离出去，成为自由电子，同时在该共价键上留下一个空位，称为空穴，这个过程称为本征激发（热激发）。不难理解，自由电子由于可以在晶格结构中自由移动，因此是一种带负电的载流子，同时空穴也被视为一种带正电的载流子。这是因为空穴很容易被邻近共价键中的价电子所填补，从而在这个价电子原来所在位置上产生一个新的空穴。常温下价电子的填补运动范围相当大，这个过程如果继续下去，从效果上看相当于空穴也能够在晶格结构中自由移动，且电荷极性与价电子相反。

可见，本征激发产生了两种载流子——带负电的自由电子和带正电的空穴，两者均参与导电，这是半导体导电的特殊性质（导体中只有一种载流子即自由电子参与导电）。

随着本征激发的进行，自由电子和空穴不断地成对产生。两者如果相遇，自由电子就会填补空穴，使两者同时消失，这种现象称为复合。在一定温度下，热激发和复合将达到动态平衡，于是载流子的浓度保持恒定，并且自由电子和空穴的浓度相等。室温下，本征半导体因热激发而产生的载流子数量极少、浓度很低，因此导电能力很弱，类似于绝缘体。当环境温度升高时，热激发加剧，载流子浓度升高，导电能力增强，反之，导电能力变差。上述半导体介电性能对温度的敏感性，既可以用来制作各种热敏元件和光敏元件，又是造成半导体器件温度稳定性差的原因。

二、杂质半导体

在本征半导体中，两类载流子的浓度极低，导致其导电性能表现不佳。为了提高半导体材料的电导率，需要对它进行掺杂处理。利用扩散技术，我们在固有半导体中加入了少量的杂质元素，从而使其转变为杂质半导体，这会导致其导电特性发生明显的改变。当掺杂元素的浓度达到一定值时，杂质半导体就可转变为导体材料。依据混入的杂质种类，杂质半导体可以进一步分类为 N 型半导体与 P 型半导体。通过调整杂质素的浓度，我们可以有效地控制杂质半导体的导电特性。

（一）N 型杂质半导体

通过某种工艺手段，在纯净的硅单晶中掺入五价元素，比如磷，使之取代晶格中某些位置上的硅原子。由于磷原子有 5 个价电子，其中 4 个与周围的硅原子构成共价键，剩下一个就很容易挣脱磷原子核的束缚，游离出去变成自由电子，同时磷原子因在晶格上，且又失去一个价电子，故变为不能移动的正离子。可见，每掺入一个杂质磷原子就能提供一个自由电子，同时半导体本征激发会产生少量的自由电子和空穴对。因此，掺入五价元素后，导致半导体中自由电子数量大为增加，与此同时并不产生新的空穴，因此自由电子占多数，这种杂质半导体称为 N 型半导体。在 N 型半导体中，自由电子占多数，称为多数载流子，简称多子；空穴占少数，称为少数载流子，简称少子。N 型半导体主要靠自由电子导电，掺入的杂质越多，多子（自由电子）浓度越高，导电能力越强。

（二）P 型杂质半导体

类似地，如果在纯净的硅单晶中掺入三价元素，比如硼，使之取代晶格中某些位置上的硅原子，就形成了 P 型半导体。由于硼原子只有三个价电子，在和周围的硅原子构成共价键时会因缺少一个价电子而产生一个空位，于是邻近共价键中的价电子很容易填补这个空位，同时在原共价键中产生一个空穴，硼原子也因接受一个价电子而成为不能移动的负离子。因此，在 P 型半导体中空穴为多子，自由电子为少子。P 型半导体主要靠空穴导电，且掺入的杂质越多，电子（空穴）浓度就越高，导电能力越强。

可见，杂质半导体中多子浓度主要取决于掺入杂质的浓度，掺杂浓度越高，多子浓度就越高，导电能力就越强。而少子是由于本征热激发而产生的，其浓度很低，但对温度非常敏感。当温度改变时，少子浓度将发生显著变化，这是半导体器件温度稳定性差的主要原因。

三、PN 结

杂质半导体主要依靠多子导电，所以导电能力增强。但单个的 P 型或 N 型半导体只能用来制造电阻元件，而真正构成各种半导体器件核心基础的，是将 P 型和 N 型半导体制作在一起时，由于 P 区空穴多，N 区电子多，在它们的交界面上就要产生扩散运动，即 P 型区中的空穴要扩散到 N 型区，N 型区中的电子要扩散到 P 型区。扩散的结果使交界面的 P 型区一侧失去了带正电的空穴，多了带负电的电子，而 N 型区的一侧则失去电子而多了空穴。这样就在 PN 交界处两侧的一个薄层内形成了符号相反的电荷区，产生一个由 N 型区指向 P 型区的内电场，通常，将这种载流子在电场作用下的定向移动称为漂移运动。

由上述分析可知，PN 结中进行着两种载流子的运动，即多子的扩散运动和少子的漂移运动。扩散运动产生的电流称为扩散电流，漂移运动产生的电流称为漂移电流。随着扩散运动的进行，空间电荷区的宽度将逐渐增大；而随着漂移运动的进行，空间电荷区的宽度将逐渐减小。当两者达到动态平衡，即扩散电流与漂移电流大小相等时，空间电荷区的宽度便稳定下来，形成 PN 结。

第二节　晶体管

在半导体器件中，晶体管被视为最关键的部件之一。晶体管在电子学上占有极其重要的地位，是微电子技术的基础。双极型晶体管之所以得名，是因为它包含了自由电子和空穴这两种极性的载流子来参与导电过程，以下我们将其简化为晶体管。其种类繁多，根据使用的半导体材料来分类，包括硅管和锗管；根据工作频率的不同，可以分为低频管和高频管；基于功率的分类，我们可以看到小功率管、中功率管以及大功率管等不同类型。

（一）晶体二极管

晶体二极管是由 PN 结组成的，其最基本特性是单向导电性。二极管两端所加电压与流过二极管电流的关系特性就是它的伏安特性，硅晶体二极管和锗晶体二极管的伏安特性略有差异。

1. 正向特性

硅晶体二极管：PN 结导通，开启电压 UP，近于恒压特性，可作稳压用，正向交流电阻。

锗晶体二极管：PN 结导通，开启电压 UP，近于恒压特性的情况同硅二极管。

2. 反向特性

硅晶体二极管：PN 结截止，反向电阻很大，只有反向饱和电流 Is，其值很小，为纳安级。

锗晶体二极管：PN 结截止，反向电阻很大，只有反向饱和电流 Is，其值比硅管大，为微安级。

3. 击穿特性

当反向电压加至一定值后，反向电流大幅度升高，此称击穿现象，有雪崩击穿和齐纳击穿两种类型。击穿的原因主要是由于外加电场过强，使电子或空穴高速运动，碰撞其他原子使其电离，产生新的电子空穴对，再碰撞再电离，而使反向电流大幅度升高（雪崩击穿）；也可能是强电场的作用，从共价键中将电子拉出，造成大量的电子空穴对，使反向电流大幅度升高（齐纳击穿），电流变化大，电压接近于恒压特性，故可作稳压管应用。如果反向电压继续加大，超过一定的临界点，普通二极管会造成永久损坏。

4. 温度特性

温度升高，管子的导通电压要下降。温度升高，反向饱和电流 Is 要增大，每升温 10℃，Is 增加一倍。比如设某管在 20℃ 时，Is = 1μA，则温度升至 80℃ 时，Is 升至 64μA，上升 64 倍，锗管由于 Is 值比硅管大数十倍，所以锗的温度性能要比硅管差得多。

（二）晶体稳压二极管

晶体稳压二极管，也被简称为稳压管，是一种采用特殊制造工艺生产的面结型硅半导体二极管。

1. 与硅二极管比较

稳压管的动态电阻通常为几欧至几十欧，应愈小愈好。稳压管的反向击穿电压值比普通二极管低，例如 2CW11，其稳定电压值约 3.2V ~ 4.5V，此值就是稳压管的击穿电压，稳压管的反向电流很小。

2. 温度系数 α

当稳定电压 U_z<4V 时，稳压管的温度系数为负值（齐纳效应占优势）。

当稳定电压 U_z>7V 时，稳压管的温度系数为正值（雪崩效应占优势）。

在 U_z≤7V 时，稳压管的温度系数约为 0。

3. 主要参数

稳定电压 U_z：即反向击穿电压。

最大稳定电流 I_{zm}：稳压过程中管子所不能超过的最大电流。

稳定电流 I_z：稳压管正常稳压时的工作电流。

动态电阻 r_z：通常为几欧至几十欧，应愈小愈好。

4. 主要管型

主要有 2CW 和 2DW 两大类型，比如 2CW11，2CW15，2DW7 等型号，还有一种具有温度补偿的稳压二极管，由于二极管正向工作时的温度系数为负，反向工作时（U_z>6V）温度系数为正，一正一负，二者起温度补偿作用，这种稳压管也可独立使用其中任一管稳压。

（三）特殊二极管

1. 发光二极管

发光二极管属于一类独特的半导体二极管类型。发光二极管与常规的二极管相似，都是由半导体芯片构成的，在制造过程中，这些半导体材料会经过注入或掺杂等步骤来形成 PN 结的结构。发光二极管中电流可以轻易地从 P 极（阳极）流向 N 极（阴），而相反方向则不能流动。两种不同的载流子（空穴和电子）在不同的正向偏压作用下从电极流向 PN 结。当空穴和电子相遇而产生复合时，电子会跌落到较低的能级，同时以光子的模式释放出能量。而发出光的颜色（即波长）与制造 PN 结的半导体材料有关。

发光二极管常采用砷化、磷化、磷砷化等化合物半导体制成，其发光颜色主要取决于所使用的材料。可以发出红、黄、绿等色的可见光，也可以发出不可见的红外光。发光二极管的发光亮度与流过自身的电流成正比，一般工作电流为几毫安到几十毫安。实际应用中要串联一个限流电阻，不能为了追求亮度而忽视了安全性。此外，发光二极管具有体积小、发光均匀、响应速度快、使用寿命长、稳定性能好等特点，获得了广泛的应用。发光二极管除单独使用外，还可用多个 PN 结按分段方式制成数码管或阵列显示器。

2. 光电二极管

光电二极管是一种独特的二极管类型，作为一种接收光源的设备，它具有将光能转化为电子信号的能力。光电二极管具有体积小、重量轻等特点，因此在工业上有着广泛的用途。光电二极管的核心构造实际上是一个 PN 结，其管壳设计有一个镶嵌玻璃的视窗，以方便光线的照射。当光源发出一束光经过光电二极管时，被反射回来并转换成电压信号，这个电压信号就与输入端相连的电阻和电容上所存储的电荷量有关。当光电二极管处于反向偏置模式时，它的反向电流会随着光照强度的提升而增加。无光照时，光电二极管的反向电流很小，一般小于 $0.1\mu A$，该电流叫暗电流，此时光电二极管的反向电阻高达几十兆欧；当有光照时，少数载流子数目大大增多，形成比暗电流大得多的反向电流，此电流称为光电流，此时光电二极管的反向电阻下降至几千欧。利用光电二极管可以测量光的强度，且有可见光和红外光两类，如计算机上的光盘驱动器和激光打印机中的打印头上就使用了小功率红外光电二极管。

常用的光电二极管有 2AU 和 2CU 等系列，发光二极管与光电二极管通过光缆耦合组成光电传输系统。在发射端 0~5V 的脉冲源通过 500Ω 的电阻加到发光二极管 VL 的两端，VL 便产生一间断光信号，并作用于光缆，由 VL 发出的光约有 20% 合到光缆。在接收端，约有 80% 的光合到光电二极管，无光照时光电二极管近似开路，输出电压 U 为高电平 5V，有光照时光电二极管近似短路，输出电压 U 为低电平 OV，光电二极管便可以在输出端还原为 0~5V 的电脉冲信号。

第三节　运算放大器

运算放大器是模拟集成电路的一种，也是最常被应用的集成电路类型之一。其基本特点是输入信号经适当调整后可得到所需要的输出波形。这个电路是一种直接耦合的放大方式，具有很高的放大倍数。运算放大器在 20 世纪 60 年代初期才出现，70 年代初开始大量生产。它之所以得名，是因为在早期，它被用来模拟计算机的数学计算。随着科学技术的发展和电子计算机技术在工业中应用的普及，又逐渐形成了数字运算放大器的概念。这种放大器因其众多的优势，在应用范围上已经超越了最初的计算，现已成为一种非常实用的通用放大设备。它在工业控制、通信和电子仪器等领域都有着广泛的应用。然而，按照传统习惯，人们还是习惯性地将这类放大器称作运算放大器。

运算放大器集成芯片配合不同的外部电路，即可组成不同用途的功能电路，除同相放大器和反相放大器外，还能组成积分器、微分器、比较器、乘法器、加法器、减法器等。

一、运算放大器内部电路组成

运算放大器集成电路的内部是由差动式输入级、中间放大级、输出级和偏置电路等组成。

（一）输入级

一般由晶体管、场效应差动放大电路组成，利用差动电路的对称性，可提高运算放大器的共模抑制比及其他性能，使电路的输入阻抗甚高、输入电流甚小，并有同相和反相两个输入端。

（二）中间级

为电压放大级，一般由多级直接耦合放大器组成，承担运算放大器的主要放大任务，电压增益十分高。

（三）输出级

一般由射极跟随器或源极跟随器或互补对称放大电路组成，要求输出阻抗低，带载能力强，能隔离因负载短路而损坏内部电路。

（四）偏置电路

任务是为集成运算放大器内部各级电路提供固定偏置电压或电流。常采用镜像恒流源电路、微电流恒流源电路、多路电流恒流源电路、恒压源电路等多种配置。

二、理想运算放大器的参数

在讨论运算放大器的各种应用时，为了分析简便，常常将集成运放看作是理想器件，并认为其主要参数也是理想的。

例如，开关电压增益为无穷大时，实际上是很大；输入电阻为无穷大（实际上很大），据此可假定运放的两个输入端之间是"虚断"的；当输入偏置电流为零（实际上很小很小），据此可假定运放的两个输入端之间是"虚短"的（电流为零的支路，其上的电压处处相等）；当输出电阻为零（输出级为跟随器，其实际输出电阻为很小）。

当然，理想的东西并不存在，但只要实际运放的性能好、指标高，上述理想近似还是允许的，其所引起的误差也是较小的，满足工程设计并无问题。

第五章　数字电子技术基础

在电子电路里，电信号主要分为两大种类：其中一种是随时间逐渐变化的模拟信号，如正弦（余弦）信号和音频信号等；另一类是由一定频率成分组成的脉冲或电磁波信号。数字信号是一种在时间和振幅上都呈现不连续变动的信号类型。它们都是由各种不同频率的电磁波所形成，比如，当电键断开时会产生特定的信号。由于模拟信号与数字信号具有不同的特征量——频率、振幅及相位，所以它们所对应的电路也就各不相同。这两种类型的信号采用的处理方式是不同的，并且它们使用的电路也有所区别。对数字信号进行分析、综合、比较时，常用到数字信号处理技术。负责处理模拟信号的电路被称作模拟电路，而负责处理数字信号的电路则被命名为数字电路。

在电子设备领域，数字电路被视为核心电路之一，它在计算机、现代通信和数控技术中扮演着不可或缺的角色，主要涵盖了信号的生成、放大、整合、传递、控制、存储、计数和显示等功能。

第一节　数　制

所谓数制就是计数的体制。日常生活中人们最熟悉、最常用的是十进计数体制，即有 0、1、2、3、4、5、6、7、8、9，共 10 个数字，按逢十进一的原则计数；另外还有一种是十六进制，逢十六进一，如中国的旧制称十六两为一斤，就是按十六进制体系计数的。在计算机系统中，处理的是以 0、1 为主的二进制数码，另外也常用十六进制作汇编程序及存储器地址的代码。

数字信号的波形是不连续的，它一般由高、低两个电平组成，通常高电平以"1"表示，低电平以"0"表示。高、低两个电平 1、0 只能表示两种状态，用电路来实现这两种状态是很容易的。

在数字电路中，晶体管多数工作在开关状态：饱和区（输出低电平 0）或截止区（输出高电平 1），而放大区只是其过渡状态，停留时间非常短（高、低电平转换的时间，即脉冲前后沿时间）。以 0、1 两种状态为组合的计数体系，用得最多的是二进制，即逢二进一的计数方法。以二进制为主体又派生出三进制、五进制、八进制、十进制、十二进制、二十四进制、六十进制等许多的计数制式。计算机及一些控制系统中，用得最多的是二进制、十六进制。

第二节　代码、原码、补码、反码

在微型计算机系统中，数字、符号、英文字母和汉字等都占据了核心地位。这些数字通常由二进制码或十六进制码表示，我们通常称这些数字为它们的代码。由于这些代码具有很高的精度，因而被广泛应用于各种计算机上，如微型机的存储器系统、打印机以及复印机等。常见的编码方式包括 BCD 码与 ASCII 码之类的。在执行数字计算的过程中，需要依赖原码、补码以及反码。

一、BCD 码（8421 码）

BCD 码，用 4 位二进制数来表示 1 位十进制数中的 0~9 这 10 个数码，是一种二进制的数字编码形式，用二进制编码的十进制代码。这种代码是用 4 位二进制数码来代替 1 位十进制数的 0~9 而形成的 0、1 数码组合，其 4 位二进制的每一位仍按逢二进一的原则进位，而每 4 位二进制的进位则按逢十进一的原则，所以 BCD 码每位二进制数的最大值是 1001（9），而不是 1111（15）。这种编码技巧最常用于会计系统的设计里，因为会计制度经常需要对很长的数字串做准确的计算。相对于一般的浮点式记数法，采用 BCD 码，既可保证数值的精确度，又可免去使计算机做浮点运算时所耗费的时间。此外，对于其他需要高精确度的计算，BCD 编码亦很常用。

二、ASCII 码

信息在计算机上是用二进制表示的，这种表示法人们不容易理解。因此计算机上的输入和输出设备之间进行数据交换，就采用一种信息交换代码，这就是 ASCII 码表，它的全称是"美国信息交换标准代码"。它是由 7 位二进制码构成，分高三位和低四位。例如数字 0~9 的 ASCII 代码为 30H~39H；英文大写字母 A ~Z 的 ASCII 代码为 41H~5AH 等。

三、原码、补码与反码

计算机是用二进制的最高位做符号位，常用"0"表示正数，"1"表示负数。在计算机中，为计算方便起见，常有三种表示方法，即原码、补码、反码。

（一）原码

以二进制最高位为"0"表示数值为正、为"1"表示数值为负的二进制数码称为原码。用原码表示数最为简单，但用这种码进行两个异号数相加或两个同号数相减是不方便的，为了将减法运算转换为加法运算，需要引入反码与补码的概念。

（二）补码

一个数的补码与原码的关系随数的正、负而不同，其相互间的关系为：对于正数，补码＝原码；对于负数，除原码的符号位外，其他各位凡是 1 要变为 0，凡是 0 要变为 1，末位再加 1 就成为其补码了。

（三）反码

一个数的反码与原码的关系也随数的正、负而不同，其相互间的关系为：对于正数，反码＝原码；对于负数，除原码的符号位外，其他各位凡是 1 就换为 0，凡是 0 就换为 1。

综上所述，可见：对于正值数码，原码＝补码＝反码；对于负值数码，补码＝反码+1。

第三节　逻辑代数

逻辑代数，也被称为布尔代数或开关代数，是一个通过数字操作来探索逻辑联系的代数体系。在逻辑代数中，存在两种可能的取值，分别是逻辑 1 和逻辑 0。这两种取值代表了两种逻辑状态，而不是具体的数值大小，例如开关的开启或关闭、信号的存在或缺失、电平的高低、灯泡的亮度或熄灭等。

逻辑代数中定义了三种基本的逻辑运算，即逻辑与（AND）、逻辑或（OR）和逻辑非（NOT），任何复杂的逻辑运算都可以由这三种基本逻辑运算复合而成，下面对三种逻辑作一简介。

一、与逻辑

与逻辑即在某一事件中，诸多条件均具备（均满足）时结果才发生的逻辑关系。例如某一电路有多个输入（条件），那么只有在各输入均为高电平时，输出才为高电平（结果发生）的关系，即为逻辑与的关系，与逻辑的表达式（关系式）为：$L = A \cdot B \cdot C \cdots$ 式中，"$\cdot$"为相与之意，在通常的表述中常省略

"·"而直接写成：L=ABC。实现与逻辑的电路称为入门电路。

二、或逻辑

或逻辑即在某一事件中，诸多条件中只要有一个条件具备（满足）时结果就发生的逻辑关系。例如某一电路有多个输入（条件），那么只要有一个输入为高电平，输出即为高电平（结果成立）的关系，即为逻辑或的关系，或逻辑的表达式（关系式）为：L=A+B+C+…式中，"+"为逻辑或之意，并非通常的加与和之关系。实现或逻辑的电路称为或门电路。

三、非逻辑

非逻辑即事件之反。在某一事件中，条件具备时结果不发生，条件不具备时结果才发生的逻辑关系即为非逻辑。例如电子线路反相放大器输出与输入信号之间的相位关系即为非逻辑的关系，其表达（关系式）为：L=A。实现非逻辑的电路称为非门电路，也称反相器。

四、与非逻辑

与非逻辑是一与逻辑与非逻辑之复合，是先与后非之意，实现与非逻辑的电路称为与非门电路。

五、与或非逻辑

四个（或多个）输入信号 A、B、C、D 两两相与后再相或再取反（非）的逻辑关系称为与或非逻辑，其表达式（关系式）为：L=A·B+C·D=AB+CD。

逻辑代数的基本公式在逻辑简化与数字电路设计与分析中十分有用，它的许多关系和运算与初等代数有很多相似之处，但仍需再次指明：逻辑代数中的参量

（符号）无数值大小之分，它们只代表事物（事件）的两种状态，如高与低，有与无，是与非，开与关等之别，而这两种状态最终又可以 1 与 0 来代表。

第四节　基本门电路

门电路构成了数字电路的核心部分，它是触发器、计数器和译码器等组件的主要电路。在数字电路中，门电路占有相当重要的地位。最基础的门电路包括非门（也就是反相器）、与门和或门，以及由这些元素组合而成的与非门、或非门、与或非门、异或门等电路。在电路设计中，要根据实际需要选用不同类型和数量的门电路来实现特定功能。目前，各式各样的门电路都提供了集成电路的选择和应用。

一、非门、与门、或门逻辑电路

（一）非门

实现逻辑门的电路就是非门电路。电子电路中的反相器就是非门逻辑电路，因为此门输出信号的极性永远与输入相反，即输入为 0 时，输出为 1；输入为 1 时，输出为 0。非门的逻辑关系为 $L=A$，L 代表事件的结果或电路输出，A 代表事件的原因或电路的输入。

（二）与门

实现逻辑与的电路就是与门电路，例如某一电路有多个输入，那么只有各输入（原因）全为高电平 1（均满足）时，输出（结果）才为高电平 1（结果成立），其他条件时，输出均为低电平 0。与门的逻辑关系为 $L=A \cdot B \cdot C$。

（三）或门

实现逻辑或的电路就是或门电路。例如某一电路有多个输入，那么只要有一

个输入为高电平 1，输出即为高电平 1；只有全部输入为低电平 0 时，输出才为
0。或门的逻辑关系为 L＝A＋B＋C。

二、与非门、或非门、与或非门

与门、或门、非门可按不同需要组合成多种功能的门电路，如由与门和非门
可构成与非门，由或门和非门可构成或非门，等等。

与非门的输入端只要有一端为低电平，则输出必为高电平，此时 A、B 端信
号对输出不起作用，即此与非门被封锁。

或非门的输入端只要有一端为高电平，则输出端必为低电平，此时 A、B 端
信号对输出不起作用，即此或非门被封锁。

在封锁时，任何其他信号都无法输入，不会对输出产生影响。需特别指明：
所谓封锁，是指门的输出状态只由某一输入端的状态所决定，而与其他输入端的
状态无关，也就是说，当门的某一输入端为某一状态时，其他输入端的状态无论
怎样变化，对输出均无影响，则这一门电路被此输入端封锁。

三、异或门

在数字电路系统中，异或门电路是经常用到的，在数字逻辑中实现逻辑异或
的逻辑门，有多个输入端、一个输出端，多输入异或门可由两输入异或门构成。
若两个输入的电平相异，则输出为高电平 1；若两个输入的电平相同，则输出为
低电平 0。即如果两个输入不同，则异或门输出高电平 1。异或门的逻辑关系式
为 $L＝A \cdot B＋A \cdot B$。

四、TTL 门电路

TTL 门电路的中文含义是晶体管–晶体管–逻辑门电路，简称 TTL 电路。这种

门电路的特点是结构简单、功耗适中、速度较快、使用方便、价格便宜，故被广泛应用在电子计算机、数字化仪器仪表、程控装置、家用电器、电子玩具等各个领域。TTL门电路是由多个晶体管电路组成，均已制成单片集成电路作商品出售，作为初学者只要了解它的外部特性及有关指标也就可以了。TTL门实质上就是多输入端的与非门，其逻辑符号与已经讨论过的与非门相同，逻辑关系式也一样。

第五节　数字电路形式

数字电路有很多形式，主要分两大类：一类叫组合逻辑电路，简称组合电路；另一类称时序逻辑电路，简称时序电路。

一、组合逻辑电路

组合逻辑电路其基本特点：任何时刻电路输出信号的稳态值仅决定于该时刻各个输入信号取值组合的情况，而与电路以前所处的历史状态无关，也就是说这类电路无存储记忆功能。电路种类包含各种门电路、半加器、全加器、编码器、译码器、比较器、多路选择器、只读存储器等。

（一）编码器

编码器是将信号或数据进行编制、转换为可用以通信、传输和存储的信号形式的设备。编码器把角位移或直线位移转换成电信号，前者称为码盘，后者称为码尺。按照读出方式编码器可以分为接触式和非接触式两种，按照工作原理编码器可分为增量式和绝对式两类。增量式编码器是将位移转换成周期性的电信号，再把这个电信号转变成计数脉冲，用脉冲的个数表示位移的大小。绝对式编码器的每一个位置对应一个确定的数字码，因此它的示值只与测量的起始和终止位置有关，而与测量的中间过程无关。

1. 二进制编码器

二进制编码输出是指将文字、符号或十进制数等特定的信息通过二进制编码转换成二进制数码输出，可通过编码器实现。用 n 位二进制代码对 2^n 个信号进行编码的电路，称为二进制编码器。常用的二进制编码器有 4 线-2 线、8 线-3 线和 16 线-4 线等。由于编码器各个输出信号逻辑表达式的基本形式是有关输入信号的或运算，所以其逻辑电路是由或门组成的阵列，这也是编码器基本电路结构的一个显著特点。

2. 优先编码器

优先编码器是一种能将多个二进制输入压缩成更少数目输出的电路或算法，其输出是由序数 0 到输入最高有效位的二进制表示。优先编码器常用于在处理最高优先级请求时控制中断请求，如果同时有两个或以上的输入作用于优先编码器，优先级最高的输入将会被优先输出。优先编码器可以排列连接在一起，组成更大规模的编码器，如 6 个 4 线-2 线优先编码器可以组成 1 个 16 线-4 线编码器，其中信号源作为 4 个编码器的输入，前 4 个编码器的输入作为 2 个编码器的输入。优先编码器相比简单编码器电路有更强的处理能力，因为其能处理所有的输入组合情况。

（二）译码器

译码器是一类多输入多输出组合逻辑电路器件，其可以分为：变量译码和显示译码两类。变量译码器一般是一种较少输入变为较多输出的器件，常见的有 n 线 2^n 线译码和 8421BCD 码译码两类；显示译码器用来将二进制数转换成对应的七段码，一般其可分为驱动 LED 和驱动 LCD 两类。所谓译码就是将某一数码（代码）翻译成（变化成）另一所需数码或状态的过程。实现译码操作的电路称为译码器。所以，译码是编码的逆过程，在编码时，每一种二进制代码，都赋予了特定的含义，即都表示了一个确定的信号或者对象。把代码状态的特定含义"翻译"出来的过程叫作译码，实现译码操作的电路称为译码器。或者说，译码器是可以将输入二进制代码的状态翻译成输出信号，以表示其原来含义的电路。根据需要，输出信号可以是脉冲，也可以是高电平或者低电平。

二、时序逻辑电路

时序逻辑电路其基本特点：任何时刻电路输出信号的稳态值不仅决定于该时刻的输入，而且还和电路的历史状态（原状态）有关，也就是说这类电路具有存储、记忆功能。时序电路通常包含有触发电路和存储电路。电路种类包含各种触发电路、计数器、寄存器、存储器、顺序脉冲发生器等。

（一）触发器

触发器是 SQL Server 为程序员和数据分析师提供的一种确保数据完整性的工具。它是一个与表事件有关的独特存储程序，其执行方式并不是程序调用或手动启动，而是由特定事件触发，例如，当操作一个表时，触发器就会被触发。触发器是利用特定时间内发生的某一或某些数据被改变而导致该变化的特性来实现其目的。当外部信号触发时，电路会发生翻转，这可能导致输出电平的改变，而具备记忆功能的时序电路被称作触发器。触发器可以用来产生一些特定的时序或逻辑控制，从而使程序运行起来更加流畅、更高效、安全性更高。触发器被视为时序电路中最关键且最简洁的部分，它主要是由门电路构成的。

触发器经常用于加强数据的完整性约束和业务规则等。SQL3 的触发器是一个能由系统自动执行对数据库修改的语句，触发器可以查询其他表，而且可以包含复杂的 SQL 语句。

触发器也可用于强制引用完整性，以便在多个表中添加、更新或删除行时，保留在这些表之间所定义的关系。然而，强制引用完整性的最好方法是在相关表中定义主键和外键约束。如果使用数据库关系图，则可以在表之间创建关系以自动创建外键约束。

触发器与存储过程的唯一区别是触发器不能执行 EXECUTE 语句调用，而是在用户执行 Transact-SQL 语句时自动触发执行，此外触发器是逻辑电路的基本单元电路，具有记忆功能，可用于二进制数据储存，记忆信息等。

SQL Server 包括三种常规类型的触发器：DML 触发器、DDL 触发器和登录触发器。

1. DML 触发器

当数据库中表中的数据发生变化时，包括 Insert、Update、Delete 任意操作，如果我们对该表写了对应的 DML 触发器，那么该触发器自动执行。DML 触发器的主要作用在于强制执行业务规则，以及扩展 SQL Server 约束，默认值等。因为我们知道约束只能约束同一个表中的数据，而触发器中则可以执行任意 SQL 命令。

2. DDL 触发器

它是 SQL Server2005 新增的触发器，主要用于审核与规范对数据库中表、触发器、视图等结构上的操作，比如在修改表，修改列，新增表，新增列等。它在数据库结构发生变化时执行，我们主要用它来记录数据库的修改过程，以及限制程序员对数据库的修改，比如不允许删除某些指定表等。

3. 登录触发器

登录触发器将为响应 login 事件而激发存储过程，与 SQL Server 实例建立用户会话时将引发此事件，登录触发器将在登录的身份验证阶段完成之后且用户会话实际建立之前激发。因此，来自触发器内部且通常将到达用户的所有消息（例如错误消息和来自 PRInT 语句的消息）会传送到 SQL Server 错误日志。如果身份验证失败，将不激发登录触发器。

（二）寄存器

寄存器是 CPU 内部用来存放数据的一些小型存储区域，用来暂时存放参与运算的数据和运算结果。其实寄存器就是一种常用的时序逻辑电路，但这种时序逻辑电路只包含存储电路。寄存器的存储电路是由锁存器或触发器构成的，因为一个锁存器或触发器能存储 1 位二进制数，所以由 n 个锁存器或触发器可以构成 n 位寄存器。寄存器是中央处理器内的组成部分。寄存器是有限存储容量的高速存储部件，它们可用来暂存指令、数据和位置。

在计算机领域，寄存器是 CPU 内部的元件，包括通用寄存器、专用寄存器和控制寄存器。寄存器拥有非常高的读写速度，所以在寄存器之间的数据传送非常快。

寄存器的功能是存储二进制代码，它是由具有存储功能的触发器组合起来构成的。一个触发器可以存储 1 位二进制代码，故存放 n 位二进制代码的寄存器，需用 n 个触发器来构成。

按照功能的不同，可将寄存器分为基本寄存器和移位寄存器两大类。基本寄存器只能并行送入数据，也只能并行输出。移位寄存器中的数据可以在移位脉冲作用下依次逐位右移或左移，数据既可以并行输入、并行输出，也可以串行输入、串行输出，还可以并行输入、串行输出，或串行输入、并行输出，十分灵活，用途也很广。

寄存器最起码具备以下 4 种功能。

①清除数码：将寄存器里的原有数码清除。

②接收数码：在接收脉冲作用下，将外输入数码存入寄存器中。

③存储数码：在没有新的写入脉冲来之前，寄存器能保存原有数码不变。

④输出数码：在输出脉冲作用下，才通过电路输出数码。

仅具有以上功能的寄存器称为数码寄存器，有的寄存器还具有移位功能，称为移位寄存器。

寄存器有串行和并行两种数码存取方式。将 n 位二进制数一次存入寄存器或从寄存器中读出的方式称为并行方式。将 n 位二进制数以每次 1 位，分成 n 次存入寄存器并从寄存器读出，这种方式称为串行方式。并行方式只需一个时钟脉冲就可以完成数据操作，工作速度快，但需要 n 根输入和输出数据线。串行方式要使用几个时钟脉冲完成输入或输出操作，工作速度慢，但只需要一根输入或输出数据线，传输线少，适用于远距离传输。

（三）计数器

计数是一种最简单基本的运算。计数器就是实现这种运算的逻辑电路，计数器在数字系统中主要是对脉冲的个数进行计数，以实现测量、计数和控制的功能，同时兼有分频功能，计数器是由基本的计数单元和一些控制门所组成，计数单元则由一系列具有存储信息功能的各类触发器构成，这些触发器有 RS 触发器、T 触发器、D 触发器及 JK 触发器等。计数器在数字系统中应用广泛，如在电子计算机的控制器中对指令地址进行计数，以便顺序取出下一条指令，在运算器中作乘法、除法运算时记下加法、减法次数，又如在数字仪器中对脉冲的计数等等。计数器可以用来显示产品的工作状态，一般来说主要是用来表示产品已经完成了多少份的折页配页工作。它主要的指标在于计数器的位数，常见的有 3 位和4 位的。很显然，3 位数的计数器最大可以显示到 999，4 位数的最大可以显示到 9999。

计数器不仅能用于对时钟脉冲计数，还可以用于分频、定时、产生节拍脉冲和脉冲序列以及进行数字运算等。但是无法显示计算结果，一般都是要通过外接LCD 或 LED 屏才能显示。

（1）如果按照计数器中的触发器是否同时翻转分类，可将计数器分为同步计数器和异步计数器两种。

（2）如果按照计数过程中数字增减分类，又可将计数器分为加法计数器、减法计数器和可逆计数器，随时钟信号不断增加的为加法计数器，不断减少的为减法计数器，可增可减的叫作可逆计数器。

另外还有很多种分类不一一列举，但是最常用的是第一种分类，因为这种分类可以使人一目了然，知道这个计数器到底是什么触发方式，以便于设计者进行电路的设计。

此外，也经常按照计数器的计数进制把计数器分为二进制计数器、十进制计数器等。

第六章 电子信息技术的应用

第一节 数字电视

数字电视是指采用数字技术将活动图像和声音等信号进行编码、压缩等处理，经存储或实时广播，供用户接收、播放的电视系统。系统的各个环节，包括从演播室节目制作，到信号的处理、存储、传输，直至接收、变换、显示等全部过程都采用数字技术，流通与变换等均为数字信号的系统才能称为数字电视系统。而传统的模拟电视系统，其信号的生成、变换、发射、传输、接收、处理等一系列过程都是对连续信号（模拟信号）进行的。数字电视是继黑白电视、彩色电视之后的新一代电视，有人称为第三代电视。它集计算机科学、音视频数字信号处理及超大规模集成电路制造技术等发展之大成，是一项高科技的综合成果。

与传统的模拟电视相比，数字电视有许多优越之处，现归纳如下：

一、抗干扰性能好，信号的信噪比高

在数字电视系统中，系统所转换、处理、传输的均是数字信号。在这种系统中，所引入的干扰与噪声的幅值只要不超过数字信号幅值的一半，系统就能识别与再生信号的高低电平，而将干扰与噪声去除，这一点在模拟系统中是无法实现的。在数字系统中，数字信号的信噪比及线性失真与信号被连续处理的次数无

关，也就是说，在数字电视系统中，不会产生噪声、干扰及线性失真的积累，这也是模拟系统无法实现的。在数字电视系统中，音视频数据均采用压缩编码与纠错处理，这种纠错编解码技术在很大程度上能将噪声、干扰所引起的误码纠正过来，使系统的抗干扰能力进一步提高。这种能力的提高解决了模拟电视的图像闪烁、重影、亮色互串等问题，使城市楼群中的电视用户、移动载体中的移动电视接收到高质量、高清晰的数字电视节目。

二、图像画质高，音频质量好

音视频数字信号能采用帧存储的倍场频技术，削弱或消除图像大面积的闪烁效应。利用帧存储技术，采用插入算法，还会使图像垂直和水平清晰度得以提高。隔行扫描也可变成逐行扫描，使隔行扫描而产生的光栅闪烁的缺点得到克服。另外，帧存储技术也能保证行、场同步信号不致丢失，使图像显示稳定可靠，加之数字图像信号与伴音信号又采用了优良的纠错编解码技术，使信号的信噪比大幅提高。

三、所占频带窄，传输效率高

我国现有的模拟电视系统中，图像信号的带宽为6MHz，每个电视频道所占频带宽度为8MHz。而在数字电视系统中，音视频信号均采用压缩编解码技术，使信号的数据量大大减少，数据速率大大降低，随之信号所占的频带宽度也大大压缩。另外，压缩后的音视频数字信号还可经过多电平（多进制）数字调制，进一步使其频带宽度降低。

四、便于拓展各种业务

数字电视有利于构建"多网合一"的信息基础设施。根据数字信号特点，利用计算机技术，可在信道的数据编码中加入约定的密码，用户利用密钥解码恢复原数据信息。加密解密，加扰解扰可使收费业务（如视频点播 VOD）成为现实。另外，数字电视接收机可通过合适的接口电路与计算机相连，其显示屏可作为计算机的大屏幕显示装置，使电视网、互联网、电话网等相连，成为多网合一信息高速通道的一个组成部分。

第二节　有线数字电视

卫星数字电视和地面开路数字电视，其传输媒体是卫星和广阔无垠的天空。而有线数字电视的传输媒体则是用光缆或同轴电缆，因为电视发端（电视台）与用户的电视接收机以"缆线"相连，故称有线电视。现行的有线电视系统（有线电视网）所传送的信息大多数是模拟电视信号，每一频道占有 8 MHz 带宽，在所划定的频段宽度（70MHz~550MHz）中可容纳 60 套 PAL-D 制模拟电视节目或 80 套 NTSC 制模拟电视节目。随着数字电视技术的飞速发展，有线电视系统中的数字电视节目将与日俱增，系统中所有电视节目的套数也会大量增加。

中国有线数字电视广播的发展十分迅速，有线电视网上播送数字电视节目已经十分普遍，电视用户借助于电视机顶盒，将数字电视信号转换成传统电视机能接收的信息，高质量的数字电视节目已呈现在人们眼前，现如今点播电视、交互电视、付费电视等一大批电视业务也正蓬勃开展。

一、有线电视的特点

（一）宽带入户，功能多样化

传统有线电视网的传输媒介多为同轴电缆或微波同轴电缆混合系统，可传送数十套电视节目，带宽较窄，容量有限，并难以实现双向传输。近几年来，随着信息高速公路的建设及光纤技术、数字技术、计算机技术的发展，光缆或同轴电缆混合（HFC）系统正以频带宽、容量大、成本低、双向性、强抗干扰性等显著优点成为多媒体宽带接入网的最佳选择之一。我国有线电视系统主要采用光缆或同轴电缆混合和多路微波分配系统（MMDS）相结合方式。新建有线电视网络均采用 HFC 系统，其电缆入户带宽为 300MHz～750MHz（绝大多数为 450MHz 以上的系统），故一条有线电视电缆上可传送几十套电视节目，如北京数字有线电视试验使用的频率范围为 614MHz～742 MHz。由于有线电视系统的频带宽、容量大，现如今有线电视已在更多功能的方向开拓，如开设图文电视、会议电视、视频点播、电话业务、计算机联网服务、互联网的接入等。

（二）不受其他信号干扰，可加设频道

有线电视信号是通过同轴电缆或光纤的封闭介质进行传输的，与卫星电视和地面开路电视相比，它不会受到天线干扰、工业干扰或其他电磁波的影响，因此信号的质量是很好的。因此，在相关的频率范围内，增设了多达数十个额外的频道，从而显著提升了电视频道的数量。

（三）提供信息，有偿服务

有线电视凭借其独特的优势，为电视观众提供了各种付费的信息和服务，这打破了电视观众在看电视或听广播时不需要支付费用的传统，但与其他用户的信息相比，有线电视的收费更为经济。目前我国的有线电视系统已经形成一个庞大的网络，并在不断地扩充自己的业务种类。在最近的几年中，有线电视网已经从传统的电视节目转播扩展到了多个专业频道。除了现有的新闻、电影、体育、娱乐、音乐和动画频道，它还新增了气象、购物、商业信息、医疗保健、历史地理、科学技术和金融证券等多个频道。此外，还为儿童、老年人和妇女等特定群体设立了专门的频道，这些频道的职责划分变得更为细致。随着有线电视业务的迅速发展，有线电视网已经由原来单一的模拟网络向数字技术过渡，并逐步走向宽带化方向发展。点播电视、交互电视、电视电话和远程教育已经变得非常普及，并赢得了众多用户的喜爱。

（四）规模化和规范化

由 21 世纪 10 年代有线电视的迅猛发展，其产业规模已经完全成熟，成了文化和信息领域的一个核心产业。"信息高速公路"的设想正在逐渐成为事实，多网合一的目标已成为现实。

二、有线电视系统的组成

一般的有线电视系统是由信号源、前端、干线传输系统及用户分配网络等四大部分组成。

（一）信号源

信号源的任务是为有线电视网提供所需的各种高质量音视频节目（信号）和数据。常用的信号来自当地电视台的开路电视广播、卫星电视广播、微波地面站的接收，调幅、调频广播电台的广播以及自办的各种电视节目源（来自摄像机、录像机、视盘机、计算机等设备）。有线电视台在转播本地电视台开路广播的节目时，对接收质量的要求十分严格。在 VHF 频段，基本上是一个频道用一副专用天线接收，且天线放大器也是单频道专用放大，如此可避免其他信道信号的干扰；在 UHF 频段，可采用一副天线对频率相差不大的几个频道信号进行接收，并在天线不远处加装天线放大器，以提高增益，加大信号噪声比。对于卫星电视信号的广播，每颗卫星需一副专用天线接收，不同极化的频道各用高频调谐器分别处理，以保证各频道信号质量。自办节目是各有线电视台所不可缺少的，所需设备有演播室、转播车、摄像机、录像机、字幕机、计算机、编辑机、切换台及自动播出装置等。

(二) 前端系统

前端系统是有线电视系统的核心，位于各信号源与干线传输系统之间。它的主要作用是要对高质量的各信号源的信号分别进行处理（如频率变换、调制、解调、低噪声放大等），并在阻抗匹配的前提下，将它们转换成（混合成）一路复合宽带信号，再送干线传输系统中的发射机进行放大或电光转换等处理，最后送干线电缆（光缆或同轴电缆）输出。

前端系统通常由频道转换器、调制器、干扰系统、混合器、导频信号发生器等多种设备组成。小型或简易的有线电视系统前端往往不设导频信号发生装置，规模稍大的有线电视台或有线电视系统通常有多个前端，为多种信号源提供服务。前端系统大致有如下几种类型：

1. 直传前端

即不对电视信号的载频进行频率变换，只将电视台发送来的某频道的电视信号直接传送至混合器。这种前端过于简单，适用于条件较差的有线电视系统，它属于早期传统型。

2. 频道交换型前端

也称重新调制型前端。先将接收来的某一频道的电视信号进行解调，再重新将解调出的信号调制到另一所需的频道载频之上，然后再送混合器处理。这一方式可使音、像信号的电平恒定，且能分别进行调整，交调干扰小，改频（更改频道）也很方便。这种前端很适合中型有线电视系统采用，也属于早期传统型。

3. 外差型前端

也称邻频前端。对电视信号采用很多满足邻频传输要求的处理，以提高相应的性能指标，如采用中频调制、混频等处理。外差型前端性能优越、技术指标高，适于大型有线电视系统采用。大型有线电视的前端系统均设置音频信号发生器，以便传输系统进行自动增益控制（ACC）和自动斜率控制（ASC）之需，从而保证信号的传输质量（信号的强弱控制与频率特性补偿）。有线电视前端系统常设三个导频：第一导频为 47 MHz，第二导频为 110.7 MHz，第三导频为229.5 MHz。

4. 干线传输系统

这套系统位于混合器的前端之后，而在用户分配系统之前，它构成了一个较大或范围广泛的传输网络。该网络主要由光发射机、光接收机、干线电缆、干线光缆、干线放大器、桥接放大器、多路微波分配系统和调频微波中继等部分组成。该系统的核心职责是确保前端输出的高频电视信号和数据能够被高品质地传输到用户分配系统中。由于光纤具有损耗小、抗电磁干扰及保密性好等优点，在有线电视中使用最多的就是光纤传输方式。主要的干线电缆包括同轴电缆和光缆两种，前者在整个系统中起着重要作用。采用微波作为电缆的替代品也是一种有效的传输手段。

同轴电缆传输是应用较早、成本低廉、设备可靠、安装方便的一种干线传输方式，缺点是电缆本身的损耗较大，每隔几百米就要安装一个干线放大器来补偿损耗、提高信号电平，因此也引入了非线性失真和噪声干扰，影响了信号的质量，同时又由于同轴电缆的损耗在高低频率区域有较大差别（频率高，损耗大），故在干线系统中要接入均衡器进行幅频特性的补偿。另外，同轴电缆的损耗又与温度、湿度等环境因素有关，需要在干线线路上分段使用带自动增益控制（AGC）和自动电平控制（ALC）的干线放大电路。当干线上需要分出一路信号给支线时，需要用桥接放大器设置输出端口。

干线放大器等有源设备的供电通常采用远端供电方式，在前端端口或某个合适的位置安装电源装置，以低压交流形式与高频电视信号一同在电缆中传送至所需设备。

光缆传输方式是通过光发射机将高频电视信号转换至红外光波段，使其在光纤中传输，接收端再通过光接收机将红外波段的光信号变换成高频电视信号。光纤传输系统的特点是频带宽，容量大，损耗低，抗干扰能力强，失真小，性能稳定，工作可靠，其成本也在逐步下降。

5. 用户分配系统

用户分配系统也称用户分配网，它位于有线电视系统的末端，其主要作用是将干线传输系统送来的高频电视信号分配给每个用户的电视接收机，这一系统包括支线电缆、分支放大器（支线放大器）、分配器、线路延长放大器、分支器、楼栋放大器、用户盒、终端电阻等装置。其中除各放大器是有源电路外，其他均为无源部件。用户分配系统中的放大器和分配器应保证各电视接收机有足够的信号强度，保证各电视用户的相互隔离、互不影响。线路延长放大器用于补偿支线同轴电缆的损耗，视线路远近可以有两级或三级级联。楼栋放大器是电缆传输的最后一级放大器。桥接放大器一般置于干线网络，作为分配起点，有些资料或书籍中将其划入干线传输系统，也有作者将其划归用户分配系统。

第三节 数字视频监控系统

一、概述

目前，视频监控技术已经在安全预防、防盗警报、环境监测、交通管理、工业制造、医疗手术以及考场监视等多个行业和部门中得到了广泛的应用和推广。本节介绍一个基于嵌入式微处理器的视频点播监控系统，它由多个具有独立功能的子系统组成。这套系统配备了固定和遥控摄像机，可以通过有线或无线方式将监控区域的场景和声音传输至主控中心，从而帮助主控人员识别并解决潜在的问题。在此过程中，由于监控范围大，且具有一定时间限制，因此可以随时调用有关数据。被监测的数据可以根据实际需求进行全面或部分保存，以方便后续的核查工作。

第一代模拟监控系统是在 20 世纪 80 年代达到成熟的，主要由模拟设备组成，形成了闭路电视监控系统，并在工业生产监控中得到了广泛应用，因此有时也被称作工业电视。

第二代的数字化视频监控系统在 20 世纪 90 年代中期达到了成熟，它主要依赖计算机和多媒体技术来完成监控任务，尽管如此，系统内部仍然存在模拟设备，尚未实现完全的数字化。

第三代数字远程视频监控系统也被称为多媒体数字视频监控系统，简而言之，就是数字视频监控系统。该系统集计算机技术、多媒体技术和通信技术于一体，采用了先进的图像处理与分析技术，实现对各种复杂场景下运动物体或活动对象进行实时监视。这是一个完全数字化的系统，它依赖于网络技术，并以图像信号的压缩、编码、储存、传递和展示作为其核心技术的音视频处理方式。由于其具有实时性强、可靠性高、成本低等优点，已广泛应用于国防军事及公安边防领域。利用现代化的通信网络，受控的目标可以扩展到任何位置。这种系统具有信息容量大、传输速度快等特点，能有效地实现对被监控对象进行全天候全方位实时监视和控制。随着宽带网络逐渐普及和多媒体技术的广泛应用，尤其是 IP 网络和 MPEG-4、MPEG-7 技术的日益成熟，数字视频监控系统的网络化发展预计将会更为迅猛。

数字视频监控系统以数字视频处理技术为核心，以计算机或嵌入式系统为中心，视频处理技术为基础，利用图像数据压缩的国际标准，并综合利用光电传感器、计算机网络、自动控制和人工智能等技术，构成了一种新型的监控系统。它将成为未来视频监视领域发展的主流方向之一。数字视频监控系统不仅继承了传统闭路电视监视系统的全部功能，还具备了远程视频传输和回放、自动异常检测和报警，以及结构化视频数据存储等多项功能。数字视频监控系统对安全生产管理起着重要作用。与数字视频监控系统有关的核心技术包括视频数据的压缩处理、视频内容的深入分析与解读、视频流的有效传输和回放，以及视频数据的妥善存储。

二、第三代数字视频监控系统的特点

（一）监控效果更好

确保监控场所内财产和人身的高度安全，提高对灾害和突发事件的防御能力。要确保在监控区域内的财产和人员处于高度安全状态，并增强对灾难和突发状况的防范能力。是现代保安系统的重要组成部分，而计算机系统则成为实现这个目标必不可少的工具。仅有计算机具备完成这一复杂、困难且单调的任务的能力，它不会受到任何人为因素的影响，而是按照预定的流程有序地完成每一个步骤，利用先进技术，将人与设备有机结合起来，做到无人值守，实现无人管理，保证了生产过程自动化控制及信息共享。在对外界进行监控的同时，也对公司内部的保安人员进行了监管，以防止失职行为的出现；利用先进的通信网络，实现信息共享，及时掌握现场情况，为指挥调度提供有力依据。在数字视频监控系统中，引入了多媒体电子地图技术，这使得监控的布局变得更为合理和直观，大大减少了可能出现的遗漏。智能安防报警系统是集图像采集、存储、显示和传输于一体的智能化系统，结合了最新的视频报警技术，并在传统报警头的基础上进行创新，能够在视频覆盖的任何区域实现灵活和机动的定位。

（二）系统更灵活

数字视频监控系统首次提出了模块化管理的概念，通过计算机来管理视频模块、音频模块、报警模块、云台和镜头的控制模块、行动输出模块、遥控开关模块等，这大大降低了工作的难度，使得施工变得更加简单。

（三）可实现网络化管理

网络技术是基于计算机技术构建和发展的。在当前信息高速公路快速发展的背景下，单一的传统监控系统由于其通用性不足、难以扩展和无法实现网络化等严重缺陷，注定会被历史淘汰出局。随着计算机技术的飞速发展，特别是多媒体技术的出现，使得人们可以通过计算机网络实现资源共享与协同工作。在当今的大型企业中，例如集团公司、连锁企业、商场、银行、邮电和电力等信息交流非常广泛的部门和企业，都对其管理方式提出了更为严格和高级的标准。随着计算机网络技术的不断发展，以及人们对安全防范意识的增强，数字视频监控系统作为一种新型的安防监控系统得到越来越多的关注和应用。数字视频监控系统构建了一个以计算机技术为核心的监控平台，这为其未来向网络化方向发展提供了稳固的基础。

（四）可实现智能化控制

采用计算机为控制中心，通过系统软件实现控制界面的可视化，控制环境的多媒体化，可以方便地实现灵活机动的智能化控制。在保证监控设备正常运转的同时，一旦报警信息读入，能及时准确地作出反应。采取正确的处理行动，不是靠监控人员熟练的操作、临危不乱的心理素质和惊人的记忆力来完成的。传统系统视频切换、音频切换、镜头云台控制、报警读入、行动输出等，相互之间是独立的，是像搭积木一样叠加成的，相互之间靠线连接在一起，一旦联动模式选定，就不能随便修改，连线十分复杂，不易维护，一旦有报警输入，需要操作人在极短的时间内完成一系列操作，对于七八个点的小系统来说还可以实现，对于大、中系统来说是不可思议的。只有用数字视频监控系统，以计算机为核心实现智能化管理，将这五大部分有机地结合，靠计算机来分析、统计、处理，完成预定的每一步操作，才能真正做到临危不乱。

三、数字监控与传统相比的优势

（一）便于通过计算机进行数据处理

同时利用图像处理技术，能够自动提取目标信息，在一定程度上提高监控效率。得益于视频图像的数字化处理，我们能够最大化地利用计算机的高速处理功能，实现图像的压缩、分析、储存和展示。利用视频分析技术，我们能够迅速识别出不正常的状况，并触发联动警报，从而达到无人监管的效果。

（二）适合远距离传输

非常适用于长距离的数据传送。它可应用于工业控制、交通监视等方面，对提高工作效率和安全生产起到了重要作用。数字信息具有很强的抗干扰能力，不容易受到传输线路信号衰减的影响，并且可以进行加密传输，因此可以在数千公里外实时监控现场。由于采用了数字压缩技术，视频信号可实现高速采集和高质量存储。尤其是当现场的环境条件非常恶劣或难以直接进入现场时，数字视频监控技术能够实现与现场的紧密结合。尽管现场可能受到了损害，但我们仍然可以从远方获得现场的真实资料。即使现场遭到破坏，也照样能在远处得到现场的真实记录。

（三）方便进行检索

如果要查看所有的现场数据还需花费很长时间。在传统的仿真监控系统里，若遇到问题，用户需要投入大量的时间来查看录像带，以便获取现场的详细记录。在数字视频监控系统里，通过使用计算机生成的索引，能在短短几分钟内迅速找到相关的现场记录。

(四) 图像质量和监控效能都得到了提升

该系统不仅能显示实时动态图像，而且可将所采集的数据保存下来并传输给计算机。通过计算机技术，我们能够对模糊的图像进行去噪和锐化处理。通过调整图像的尺寸，并利用显示器的高分辨能力，我们可以清晰地看到高品质的图像。此外，用户有能力在单一的显示屏上同时查看 16 路或者 32 路的视频内容。

(五) 该系统的管理和维护都相对简单

该系统采用了先进的嵌入式技术、计算机技术和网络技术，实现对运动目标进行实时检测与跟踪，并在此基础上完成事件分析和决策处理功能，为管理人员提供可靠而有效的决策依据。数字视频监控系统主要是由电子设备构成的，具有很高的集成度，并且可以通过有线或无线信道进行视频传输。因此，该系统采用了模块化的设计，不仅体积紧凑，而且安装、操作和维护都非常方便。

四、视频监控系统组成

(一) 系统主机

也称控制中心或监控中心。视频矩阵的切换通常也包含其中：控制主机均为 PC，规模稍大一点的监控主机应为 PC 式视频服务器。整个系统以"硬件+软件"的机制对整个设备进行控制和视频处理，系统的一切操作均在主机的指令下进行，如摄像机聚焦的调节、云台的转动、监视图像的切换、信号存储的控制、报警信息的处理等。

(二) 视频采集卡

也称图像采集卡。它能对各摄像机（头）所摄信号进行实时处理，如 A/D 转换，按一定标准（如 MPEG-2 标准等）对图像数据进行压缩、编码等工作。

（三）摄像机（头）群

也称信号采集系统。它主要由多台定焦镜头的固定摄像机、多台变焦镜头，由云台控制摄制角度的摄像机及其他种类的摄像机组成。云台受系统主机控制，按需要转动角度和方位。

（四）音频监控及报警系统

它也属于视频监控系统的一部分。由报警主机、音频矩阵切换及相关传感部件组成，它的工作也受系统主机控制。在某些领域中，这一报警系统是十分重要的。

（五）视频监控

稍大一点的视频监控系统均以电视墙作图像监视，在系统主机的控制下，电视墙上的画面可以自由切换、放大、伸缩；在云台转动下，可以改变所观察图像的不同方位或特写场景。

（六）存储器

在现代的视频监控系统中，大都以硬盘录像机、磁盘阵列作存储设备。其特点是容量大、检索快、体积小、易保存。

五、建设意义

将计算机作为监控的核心，并将多媒体、网络和视频技术融入监控中，已经远远超出了传统的保安监控范畴。这种新的思维方式推动了科技的进步和社会的发展，标志着一个重要的飞跃，对现实有着深远的影响：

（一）可观的经济效益

数字视频监控系统具有远程访问的功能，这为业主和经理提供了一种商业管理工具，可以用于管理贵重物品和有效地管理重要人员的时间。通过使用远程可视设备可以使管理人员在办公室或家中对现场情况进行监视，并且能够及时了解事件发生的地点以及相关的信息。24 小时全天候的远程视觉功能也提升了监控系统值班人员的生活品质。数字视频监控是通过网络来实现对现场进行监视的，而不是在本地安装监视器或摄像机。因此，数字视频监控系统的市场潜力远远超过了模拟视频监控系统。目前，在许多发达国家，人们已经开始使用远程访问数字视频系统来监视家中的各种情况。在餐饮、银行、老年银行护理以及婴幼儿护理行业中，远程数字视频监控系统的访问是非常必要的。数字视频监控系统在美国家庭中已相当普及。有了这个设备，对于白领工作者来说，如果他们不能经常在家照看父母，只需将他们的个人电脑插入电话线，并连接到受密码保护的数字视频服务器，他们就能实时查看家中发生的所有事情。

(二) 强大的威慑力

安全可靠的监控系统通过计算机智能化管理，使报警布局更加趋于合理。随着计算机网络及通信技术的发展，在公安刑侦部门已逐步建立起一套科学的计算机智能监控管理系统。计算机技术确保了安全防护工作的有序进行，消除了所有可能的遗漏。通过充分利用多媒体的特性，并结合实时捕捉、视频报警和硬盘录像等先进技术，使得防护措施更为安全、细致和便捷，为罪犯提供了强大的威慑，从而更有效地避免了犯罪行为。一个严格的计算机监视网络能够跨越不同的地理、时间和空间，实时追踪每一个被监控的现场，迅捷的反应速度可以更有力地对抗犯罪行为。

(三) 减轻保卫强度

保卫工作看似简单，但实则烦琐艰巨，责任重大。随着计算机技术和通信技术的不断发展，各种高科技手段被应用到保卫领域中来，使保卫工作越来越复杂。随着数字视频监控系统的高度智能化，保安人员得以从单调乏味的任务中解放出来，这不仅增强了系统的安全性，还降低了他们的工作压力。此外，其独有的网络功能也避免了领导进行安全检查的劳累；利用先进的计算机技术和通信手段实现对图像信息的实时采集与处理，为保卫指挥决策提供准确依据，大大提高工作效率。通过整合可视化编程技术和优化操作界面，不仅能激发操作员的操作热情，还能更好地促进人与机器的协同监控，从而提升系统的安全性。

（四）进一步奠定发展的基础

二十一世纪是监控系统全面进入到计算机网络的时代，废弃传统系统，选择以计算机为核心的数字视频监控管理系统，为今后向更高、更远的发展奠定了基础。

数字视频监控系统不仅符合信息产业的未来发展趋势，而且代表了监控行业的未来发展方向，具有巨大的商业潜力和经济效益，因此已经成为信息产业中备受瞩目的数字化产品。目前，数字视频监控技术正朝着网络化、智能化的趋势迅速发展。更具体地说，这主要表现在两个方面：首先，视频监控的应用范围需要更加广泛，从传统的安防监控扩展到管理监控和生产经营监控，同时也对同一系统的覆盖范围和实施距离提出了更高的标准，简单来说，就是要覆盖多个方面。其次，我们需要将监控系统与管理信息系统和网络系统相结合，以实现对大量视频数据的高效压缩、传输和自动处理，进而实现资源的共享，为各级管理人员和决策者提供便捷、迅速和高效的服务。

第四节　蓝牙技术系统

蓝牙是一种支持设备短距离通信（一般 10m 内）的无线电技术，广泛应用于移动电话、掌上电脑、无线耳机、笔记本电脑、智能家电等众多智能设备中。

蓝牙采用分散式网络结构，以及快跳频和短包技术，支持点对点及点对多点通信，工作在全球通用的 2.4GHz ISM 频段。其数据速率为 1Mbit/s，采用时分双工传输方案。全双工传输蓝牙 4.0 是蓝牙 3.0+HS 规范的补充，专门面向对成本和功耗都有较高要求的无线方案，是一个双模的标准。它包含传统蓝牙部分和低功耗蓝牙部分，主要应用于智能设备领域。

蓝牙技术的无线电收发器的连接距离可达 10m，不限制在直线范围内，甚至设备不在同一间房内也能相互连接，并且可以连接多个设备，最多可达 7 个，能够把用户身边的设备都链接起来，形成一个"个人领域的网络"。

一、蓝牙技术的特点

蓝牙技术的出现是为了用无线电波来替代移动设备中使用的电缆。它在本质上是一种无线接入方式，即利用一个或多个无线通信系统来提供语音、数据等业务的网络。该技术旨在以同等的成本和安全标准来实现普通电缆的功能，从而帮助移动用户摆脱电缆的限制，这也意味着它拥有以下的技术属性。

（一）成本较低

为了替代传统的电缆，其价格应当与普通电缆相近，这样才能得到广大消费者的认可，并进一步推广这一技术。

（二）功耗低，体积小

蓝牙技术是设计用于连接小型移动设备和外部设备的，其主要的市场目标是移动笔记本、移动电话、掌上电脑及其外部设备，因此，蓝牙芯片必须具备低功耗和小体积的特性。蓝牙的最大优点是不需要电池供电，这对于便携式电子产品来说尤其重要。蓝牙产品通常的输出功率仅为 1mw。

（三）近距离通信

蓝牙技术通信距离为 10m，如果需要的话，还可以选用放大器使其扩展到

100m。这已经满足在办公室内任意摆放外围设备的需求，而不用再担心电缆长度是否够用。

（四）安全性强

与其他的无线通信方式相似，蓝牙的信号容易被捕获，因此蓝牙协议为其提供了必要的认证和加密功能，确保了链路的安全性。在蓝牙中使用数字签名和身份识别来保护通信双方的信息，从而防止非法用户对数据进行篡改和伪造。蓝牙系统的认证和加密服务是由物理层提供的，它采用了流密码加密技术，适合硬件实现，而密钥则由高级软件管理。在该协议中，由于存在多个用户设备，使得攻击者很难检测到合法设备，从而导致数据泄漏。另外，由于跳频技术的保密性以及蓝牙传输范围的局限性，窃听操作变得更为复杂。

（五）软件的分层结构

蓝牙通信系统，就像其他众多的通信系统，同样采纳了层次化的架构。它由上层协议和下层接口两部分组成，前者是整个蓝牙通信软件的核心。该程序是集成在一个芯片内的，其底层设计适用于各种不同的应用场景，而高层则根据具体的应用需求进行调整。根据这一协议，无论蓝牙设备位于何处，都可以通过手动或自动查询来识别其他蓝牙设备，进而构建主从网或分散网，以实现系统所提供的多种功能，使得使用过程变得非常便捷。

（六）灵活性

在任何一个有效的通信范围内，所有参与的蓝牙设备都是平等的，也就是说，任何一个蓝牙设备可以在主从网络或分散网络中作为主设备，也可以作为从设备，或者同时作为主设备和从设备。当蓝牙终端与从机之间发生连接故障时，可以通过简单的切换实现快速恢复功能。因此，在蓝牙技术体系里，并不存在站与主站的区分。这就保证了整个蓝牙通信过程中信息传输的完整性。此外，所有的设备都是可以移动的，没有任何连接线，因此组建网络是非常方便和迅速的。

二、蓝牙技术的应用

蓝牙技术在 2.4GHz 波段运行，该波段是一种无须申请许可证的工业、科技、医学（ISM）无线电波段。正因如此，使用蓝牙技术不需要支付任何费用。

近年来蓝牙技术得到了空前广泛的应用，集成该技术的产品从手机、汽车到医疗设备，使用该技术的用户从消费者、工业市场到企业等。低功耗、小体积以及低成本的芯片解决方案使得蓝牙技术甚至可以应用于极微小的设备中。蓝牙技术是一项即时技术，它不要求固定的基础设施，且易于安装和设置。

蓝牙设备用户可以在 10m 以内无线控制存储在 PC 或 Apple iPod 上的音频文件。蓝牙技术还可以用在适配器中，允许人们从相机、手机、移动计算机向电视发送照片以与朋友共享。

（一）无线办公环境

在办公室中，嵌入蓝牙技术的设备将消除桌面上错综复杂的连线，而直接无线接入局域网，实现文件、调制解调器、打印机、传真机、键盘、掌上电脑、服务器的共享。家庭办公者可以在计算机（PC）、电子设备、无绳电话等设备间共享话音和数据，可在任何房间中访问因特网，共享 ISP 连接，在机场、在旅馆、在旅途均可很方便地访问网络。

（二）汽车电子环境

在车辆内部，通过使用配备蓝牙功能的笔记本电脑进行网络连接，你可以享受到与在家里一样的网络服务，其中包括电话、音响和视频等更为细致的服务；汽车内安装蓝牙装置，使驾驶员在驾驶时能够随时了解周围车辆状况，及时采取适当措施。汽车驾驶员可以利用手机来控制汽车的锁定和开启，调整座椅和温度，以及操控各种设备。此外，他们还可以从服务中心获取实时的路况和事故处理信息。汽车驾驶员可以直接使用蓝牙耳机接听电话，从而避免了一手持方向盘一手持电话的不安全操作。

（三）蓝牙技术在家庭中的应用

在现代家庭中，家用电器的种类日益丰富，如计算机、电视、电话、视盘机、摄像机（用于防盗报警）、音响设备、电冰箱、洗衣机、电饭煲、微波炉等。如果这些信息家电被嵌入到蓝牙芯片中，它们就可以组成一个完整的家庭蓝牙系统。该系统对每个家用电器都进行了编号并设置有专用密码，一旦用户输入正确密码后就能控制相应的家电工作。这套系统不仅避免了复杂的网络连接，确保了它们之间的独立性，还允许它们直接与网络进行无线连接。用户可以在家里自由地接听或拨打电话，随时随地使用笔记本电脑进行上网工作，或者在办公或旅行中与家人沟通。此外，该系统还能方便地通过网络监控家庭状况，并指导或操作特定电器的工作时间。

第五节　电子汽车技术

伴随着科技的迅猛进步，电子技术已经深入到汽车的每一个角落，两者之间已经形成了紧密的联系。汽车电子技术是一门新兴综合性学科，它以计算机技术和信息技术为核心，综合了机械电子学、微电子技术、信息与信息处理等多种技术领域，具有广阔的发展前景。现阶段，汽车电子设备涵盖了控制、驱动、安全、显示、通信、定位、导航、检测、娱乐等多个领域，包括电子工程、计算机软硬件、系统集成、传感器、集成电路等基础单元。从这些领域所使用的元器件和相关设备来看，几乎都是与汽车有关的产品。不夸张地说，几乎每一个电子信息产品部门都有潜力在现代或者未来的汽车制造中发挥作用。从某种意义上讲，电子信息技术是现代汽车产品的灵魂和核心，它直接关系着现代汽车的性能与质量水平。在接下来的几年里，汽车上的各种电子设备的成本预计将占到汽车总成本的40%~60%。随着电子技术的进步和汽车制造业的快速发展，这个系统变得越来越复杂，功能也变得越来越强大，内容也变得越来越丰富。汽车信息系统包括多个方面，如音视频系统、车载卫星定位系统、车载卫星导航系统、车载通信系统、车内多微机间的网络通信系统。汽车电子化程度越来越高，汽车的发展方向已经从仅仅是机械制品转向了更为先进的机电集成产品。

一、汽车电子业汽车七大发展特点

电子信息产品是一大市场，市场将年增7%，车载远程信息处理系统市场达到200亿美元。随着中国汽车业的迅速发展，目前我国汽车电子业呈现出七大发展特点：

（1）汽车产业正在经历科技创新的新时代，传统的机电产品已经转型为高科技产品，而汽车行业也逐渐发展为拥有先进技术装备的领域。

（2）汽车电子信息技术的进步受到了法规和市场的推动。随着能源、排放、噪声和安全的法规变得越来越严格，客户对于舒适度的期望也在不断上升，这都为汽车电子信息技术的进一步发展提供了动力。随着世界经济一体化进程加快，国际汽车市场竞争日益激烈。我国即将采纳欧Ⅲ的排放准则，而欧洲也将执行欧Ⅵ的排放标准，德国已经研制出每百公里油耗为一升的车型。随着智能控制技术在汽车底盘上的应用，以及传感器技术的进步，使车辆的控制性能得到很大改善。为了增强汽车的安全性，诸如安全带、安全气囊、ABS 和 ASR 等设备都已经实现了智能化。

（3）汽车和发动机系统微处理器的规模越来越大。汽车微处理器越来越多，有的车型达60个，并采用 LIn、CAn 网络控制，汽车电子产品已占汽车总成本的

1/3，软件部分占 4％，这一两年预计将超过 10％。IC 也将不断趋于集成化，如今的一个 IC 可实现相当于以前多个 IC 的功能。为适应电子系统发展需求，汽车供电系统将从 12V 发展到 42V。

（4）将普及电控电喷系统，提高动力系统效率，可以看出所有发动机已采用了电子技术，厂商也正在普及和提高，电控高压共轨柴油机正被大量研究，电力电子模块混合动力驱动系统成驱动主力，氢燃料电池混合动力汽车商业化取得新进展，电控复合火花点火发动机迅速普及，高级电控均匀充气压燃发动机正被加紧研究。

（5）随着线控或驱动系统的快速进步，线控转向和线控制动态的研究也在紧锣密鼓地进行中，预计线控将逐渐替代传统的机械系统，这将为汽车底盘带来翻天覆地的变革。

（6）ITS 正迅速兴起，包括汽车的智能化、公路的自动化和导航系统等。

（7）综合控制成为汽车电子信息技术发展趋势，包括动力传动系统、底盘与安全系统、车身与防盗系统等，远程信息处理系统将使蓝牙技术广泛应用于汽车，汽车智能化将不断升级。

二、汽车电子技术的应用将使汽车发生以下主要变化

（1）汽车的机械结构还将发生重大的变化，汽车的各种操纵系统向电子化和电动化发展，实现"线操控"。用导线代替原来的机械传动机构，例如"导线制动""导线转向""电子油门"等。

（2）汽车 12 伏供电系统向 42 伏转化。随着汽车电子装置越来越多，消耗的电能正在大幅度地增加。现有的 12 伏动力电源，已满足不了汽车上所有电气系统的需要。今后将采用集成起动机—发电机 42 伏供电系统，发电机最大输出功率将会由 2005 年的 1 千瓦提高到现如今的 8 千瓦左右，发电效率将会达到 80％

以上。42伏汽车电气系统新标准的实施，将会使汽车电器零部件的设计和结构发生重大的变革，机械式的继电器、熔丝式保护电路将被淘汰。

随着汽车电子技术的广泛应用，汽车的智能化程度将得到显著提升。智能汽车配备了众多的传感器，这些传感器可以准确地感知驾驶者和乘客的当前状态、交通工具以及周围的环境信息，从而判断乘客是否处于最理想的工作状态，以及车辆和乘客是否面临潜在的风险，并能够迅速采纳适当的应对策略。

在这个信息网络盛行的时代，人们期望汽车不只是一个简单的交通工具，更希望它能成为生活和工作的一个扩展。在汽车上，人们可以像待在自己的办公室或家中那样，收听广播、拨打电话、上网以及处理各种工作任务。汽车的发展已经从单一向多功能方向转变。随着数字技术的不断发展，我们的汽车即将进入多媒体的新纪元。目前世界上已经有许多厂商研制出了各种不同类型的车载计算机系统，它们都能够为用户提供丰富多样的服务。一个基于操作系统开发的车载计算机多媒体系统，它集成了信息处理、通信、导航、防盗、语言辨识、图像展示以及娱乐等多种功能。它不仅能够使司机了解道路情况和路况，而且能根据不同用户的要求，提供多种服务。汽车配备自动导航和辅助驾驶系统，这样驾驶员就可以将他们的行车目的地信息输入到汽车电脑中，从而使汽车能够沿着最优的行车路线行驶，最终到达目的地。在未来，汽车内所有设备都是智能化的。人们有能力利用语言识别系统来操作车内的各种设备，一边驾驶汽车，一边享受音乐和电视节目，还可以通过网络预订餐桌、机票等。

第七章　新一代的电子信息技术

第一节　人工智能

谷歌公司的人工智能围棋系统阿尔法围棋与韩国围棋九段棋手李世石和中国围棋九段棋手柯洁进行了两场"人机大战"赛。第一场为 2016 年 3 月 9 日至 15 日在韩国首尔进行的五盘比赛，阿尔法围棋以 4 比 1 战胜李世石。第二场为 2017 年 5 月 23 日至 27 日在中国嘉兴乌镇进行的三盘比赛，阿尔法围棋以 3 比 0 战胜世界排名第一的柯洁。本次比赛的影响在于对普通人而言人工智能不再"云山雾罩"，而是了解到人工智能已经实实在在地渗透到每个人的工作和生活中。

更随着"互联网+"浪潮的涌动，各个行业对智能化的追求都进入了一个新的时期，人工智能逐渐成为技术的主要载体，推动各个行业向智能化方向发展。在此背景下，人工智能技术被广泛应用于多个领域，并取得良好成效。在这一进程中，人工智能技术已经步入了一个高速发展的时期，与此同时，与多个行业的深度融合也为人工智能技术的持续创新和升级提供了关键支持。人工智能技术可以有效提高生产效率，降低人工成本。与此同时，得益于硬件、软件等多个技术领域的进步，数据处理和计算能力得到了显著提升，这为人工智能技术在多个领域的广泛应用奠定了稳固的基础。

目前，人工智能的应用领域正在不断扩大。在移动互联网领域，人工智能技术可以应用于指纹识别、人脸识别、虹膜识别等生物识别技术中，也可以应用于基于图像、语音、文字的智能搜索，也可以应用于虚拟现实、增强现实、自动驾驶等系统中进行复杂信息的快速处理。在智能制造领域，人工智能技术可以与信息通信技术、制造技术和产品相关的专业技术融合，从而实现智能制造的新模式、新手段、新业态。在电力领域，人工智能技术可以通过对信息的量化和分析，有效提升电网企业的信息安全风险防控能力，确保电网的安全、稳定、高效运行。

一、什么是人工智能

人工智能（Artificial Intelligence）代表了一门新兴的技术科学领域，专注于研究和开发用于模拟、扩展和延伸人类智能的各种理论、方法、技术和应用系统。

人工智能作为计算机科学的一个子领域，致力于深入理解智能的本质，并致力于创造一种新型的智能机器，该机器能够以与人类智能类似的方式作出响应。在这一领域，主要的研究方向包括自然语言处理、计算机视觉语音识别、专家系统以及交叉学科等。人工智能已经成为当代科学技术中最活跃、最具活力和生命力的前沿课题之一。人工智能被视为一个交叉学科，它融合了自然科学与社会科学的元素，覆盖了哲学、认知科学、数学、神经生理学、心理学、计算机科学、信息论、控制论以及不定性论等多个自然科学和社会科学的领域，其研究范围已经大大超越了计算机科学的界限。人工智能作为一门交叉性较强的新兴综合性应用学科，已经成为当今科技革命中最活跃的前沿领域之一，对整个社会经济生活产生着巨大而深远的影响。自人工智能问世以来，随着其理论和技术的不断进步，它的实际应用领域也在持续扩大，包括智能控制、语言和图像理解、专家系统、遗传编程、机器人学、机器视觉、人脸识别、虹膜识别、指纹识别、视网膜识别、掌纹识别、自动规划、智能搜索、定理证明、博弈自动程序设计等多个领域。

在人工智能领域，我们可以将其分类为弱人工智能、通用人工智能以及强人工智能这三大类别。目前，强人工智能在社会生活中已经得到广泛应用，而对于弱人工智能来说还处于探索阶段，其应用前景十分广阔。弱人工智能主要应用于基础和特定场景下的角色任务，例如华为的语音助手"小艺"和商场的导航机器人等；通用人工智能主要聚焦于与人类相似的任务，这包括机器的持续学习过程，例如拥有自主学习功能的机器人；强人工智能则是超越人类智慧的智能，比如人类大脑能处理的所有事情，包括计算机都会有的计算、逻辑、推理等高级功能。所谓的人工智能指的是那些比人类更为智慧的机械设备。

二、人工智能关键技术

（一）自然语言处理

对于人工智能的研究者来说，深入了解人类的语言始终是他们追求的目标。随着计算机技术和网络技术的发展，人们可以借助计算机进行自然语言处理。这个领域被命名为自然语言处理，涵盖了语音识别、文本解析、翻译、生成应用程序以及其他与口语相关的目标。随着计算机技术在社会生产生活中的广泛使用以及对人们工作学习方式影响的日益加深，自然语言处理技术已经成为现代科学技术发展的前沿学科之一。自然语言处理是一门将语言学、计算机科学和数学结合在一起的学科。它不仅涉及自然语言处理本身，而且还涉及对机器来说最重要的一些方面——如计算机体系结构以及如何使用这些结构来提高它们性能的问题。自然语言处理的核心不仅仅是研究自然语言本身，更重要的是开发能够高效实现自然语言交流的计算机系统，尤其是软件系统。这是计算机科学、人工智能和语言学研究计算机与人类（自然）语言交互影响的一个重要领域。自然语言处理是一个涉及多个学科、多种技术以及许多方面的综合性交叉性很强的研究课题，也是当今国内外学术界和工程界共同感兴趣的重要课题之一。自然语言处理旨在提供各种理论和手段，以确保人与计算机能够通过自然语言进行高效的沟通。

在自然语言处理中，外文翻译是一个主要的应用领域。例如，百度在线翻译机器翻译面临的一个主要问题是，翻译结果往往与语言逻辑不一致，需要对句子进行重新加工和排序。而由于字词的多变性，机器翻译在专业领域，如电子、计算机、医疗等，往往难以胜任。这使得人们不得不寻求一种新的方式来解决这个问题，即借助人工方法来辅助实现译文的正确与流利程度。面对这种挑战，自然语言处理利用大量的数据资源，使得机器能够从零开始进行深入的学习，确保在高度垂直的领域中语义的准确性和流畅性。

自然语言处理还有一个应用，那就是虚拟个人助理，它可以通过声音和文字输入等手段来处理工作和生活中的各种事务，甚至有能力收集信息并协助优化信息和做出智能决策。在人工智能时代下，语音识别技术已经被广泛应用于各个领域。在智能家居和智能客服等领域，小米集团所推出的小米音箱是一个典型的应用。这款音箱不仅可以控制小米的生态系统，还能提供音乐、天气和新闻等多种其他服务。

（二）计算机视觉

计算机视觉是一门研究如何使机器"看"的科学，是指用图像传感器和电脑代替人眼和大脑对目标进行识别、跟踪和测量等机器视觉，并用电脑进一步做图形处理，使之成为更适合人眼观察或传送给仪器检测的图像。计算机视觉是一个跨领域的交叉学科，包括计算机科学（图形、算法、理论、系统、体系结构）、数学（信息检索、机器学习）、工程学（机器人、语音、自然语言处理、图像处理）、物理学（光学）、生物学（神经科学）和心理学（认知科学）等。

计算机视觉涉及的主要技术有：

1. 图像分类

给定一组标定为单一类别的图像，对新的一组测试图像进行预测并测量预测结果的准确性。

2. 对象检测

识别图像中的特定对象，涉及为各个对象输出边界框和标签，对多个对象进行分类和定位。

3. 目标跟踪

指在特定场景跟踪一个和多个特定的对象，为了实现跟踪需要使用深度学习从所有帧的候选对象中识别对象。

4. 语义分制

将图像分为一个个像素组进行标记和分类，然后在语义上理解每个像素组的角色，如识别出汽车、街道、行人和树木等。

5. 实例分割

将不同类型的实例进行分类，不仅要识别单个实例的图像，还要在多个重叠对象和不同背景的复杂景象中进行分类，确定对象边界、差异和彼此的关系。

（三）语音识别

语音识别技术，又常被人们称作自动语音识别，其核心目标是将人的语音词汇转化为计算机可以解读的输入内容，如按键、二进制编码或字符序列等。它主要通过对特定人的声音信号进行分析而获得其发音特征并加以分类。与识别说话人和确认说话人的方法不同，后者更倾向于识别发出声音的说话人，而不是确认其内部的词汇信息。随着信息技术的发展，越来越多的行业需要对语音进行分析以提高其应用价值。语音识别技术覆盖了多个领域，包括但不限于信号处理、模式识别、概率论与信息论、发声与听觉机制，以及人工智能等。

与机器进行语音沟通，使机器理解你所说的内容，这一直是人们长久以来的愿望。现在，人工智能已经将这一愿望实现，并将其应用到我们的日常生活中。人工智能技术的发展使人类从"听"到"说"变得越来越容易。例如，医院可以利用人工智能技术和大数据来实现智能语音的知识问答和病历查询功能。语音输入可以替代传统的打字方式，使得医院能够轻松地与电脑、平板电脑和移动查房设备进行交互。随着移动互联网、智能家居、汽车、医疗和教育等领域的广泛应用，智能语音产业的规模将持续快速增长。此外，中国是全球最大的智能语音产品消费大国。

（四）专家系统

在人工智能领域，专家系统被视为最关键且最具活力的应用之一。这是一个集成了某一领域内众多专家的知识和经验的智能计算机程序系统，它能够借助人类专家的专业知识和解决问题的策略来处理特定领域的问题。简而言之，专家系统是一个融合了大量专家知识和经验的程序系统，它利用人工智能和计算机技术，根据一个或多个专家的知识和经验进行逻辑推断和判断，模仿人类专家的决策流程，从而解决那些复杂的问题。简而言之，专家系统是一个模拟人类专家解决领域问题的计算机程序系统，它融合了"知识库"和"推理机"的特点。

随着智能手机变得越来越普及，现在的人们越来越习惯于使用手机来查看天气预报，而在天气预报中，专家系统的作用也变得至关重要。专家们通过收集大量的天气资料，结合自己多年的工作经验和研究成果，设计出一套完整的知识体系。专家系统首先可以利用手机的 GPS 系统来确定用户的具体位置，然后采用特定的算法，对遍布全国的雷达图进行深入的数据分析和预测。在气象灾害发生时，专家系统会自动将相关信息发送到公众号上，让人们第一时间知道天气情况。同理，在智能城市的交通管理系统中，专家系统能够对地图和摄像头的数据进行智能化的分析，进而智能地调整交通信号灯或推荐最佳的驾驶路线，从而有效地缓解交通堵塞问题。

（五）机器学习

机器学习融合了统计学、神经网络、优化理论、系统辨识、逼近理论、计算机科学和脑科学等多个学科领域。这门学科专注于研究计算机如何模拟或执行人类的学习行为，以获取新的知识和技能，并对已有的知识结构进行重新组织，从而不断优化其性能，这也是人工智能技术的核心所在。

目前流行的深度学习与机器学习又有什么关系呢？就比如深度学习是机器学习的一个子集，主要区别体现在以下几个方面：

（1）数据依赖。机器学习能够适应各种数据量，特别是数量较少的场景，但深度学习在数据量大的情况下效果更好。

（2）硬件依赖。深度学习算法高度依赖硬件性能，因为需要执行大量的矩阵乘法运算。

（3）特征工程。将特定领域知识放入指定特征的过程，目的是减少数据复杂性水平并生成可用于学习算法的模式。

（4）解决问题方法。机器学习算法遵标准程序解决问题，先将问题拆分后再分别解决，然后将结果合并，深度学习则以集中方式解决，无须拆分问题。

（5）执行时间。深度学习需要大量的训练时间，而机器学习训练时间相对较短。

（6）可解释性。可解释性是机器学习与深度学习的主要区别，深度学习算法通常不具备可解释性。

三、人工智能技术应用

（一）人工智能与安防

中国的"天网系统"能够自动比较监控视频中的人脸与数据库中的在逃犯

罪嫌疑人，一旦发现犯罪嫌疑人，系统会自动报警，并自动调用区域内的所有摄像头来跟踪逃犯的动向，同时通知附近的警察犯罪嫌疑人的具体位置，从而指导警察进行抓捕。天网系统是一种智能化的警务管理系统。天网系统利用前端的监控网络（包括静态和动态）和后端的人工智能分析平台，实现了前端和后端的联动，从而构建了一个综合的智能识别平台，涵盖了监控、数据采集、识别、对比、预警和分析等功能。

（二）人工智能与医疗

假如一个医生每天都要面对上百张胸部 CT 扫描图像，那么他需要花费多久的时间来仔细检查这些图像，以确定是否存在未被发现的病变，以及是良性还是恶性肿瘤，并据此编写相应的诊断报告？如果每天都要检查几十张胸片，而医生又是如何处理这些图像的？假如我们每天、每年都重复相同的行为呢？答案是肯定的——要做到这一点，就必须依靠人工智能技术。在这种情况下，人们可能会考虑是否需要机器人来完成这项任务。随着计算机技术和互联网技术的发展，人类已经进入到智能时代。在医疗领域，人工智能的运用使得我们的理想得以实现。目前我国大部分医院都配备了人工智能系统，但这些系统主要用于辅助医师检查病人并记录其信息。在传统医疗机构中，医生对医学影像的诊断速度相对较慢，这主要是由于对医学影像专业人才的高需求导致的人才短缺，同时，繁重的人工劳动也可能增加漏诊和误诊的风险。因此，利用智能技术辅助医学诊断已经成为当前研究热点之一。人工智能技术能够对 X 线、CT、核磁共振等多种影像进行细致的分割、特征抽取、量化和比较分析，实现病灶的自动识别和标记，从而发现肉眼难以察觉的病变区域，大大降低了诊断结果出现假阴性的可能性。目前，国内已有多家医疗机构建立智能辅助诊断系统并投入使用。人工智能医学影像系统有能力在短短几秒钟内处理高达数十万张的影像，从而显著提升诊断的效率。

除此之外，人工智能技术也能在疾病的诊断和治疗过程中发挥作用，协助医生进行病理数据统计。通过运用大数据分析和深度数据挖掘等先进技术，能够对患者的医疗信息进行深入的分析和挖掘，从而自动地识别出患者的临床变量和关键指标。随着人工智能技术发展，它可以为医院带来新的机遇与挑战。此外，机器人在医疗行业中有着广泛的应用，例如用于修复人体损伤的智能假肢、外骨骼和其他辅助设备，还包括外科手术机器人、康复机器人、护理机器人和服务机器人等。

第二节　大数据

一、大数据概念

大数据定义为那些在特定时间段内无法通过传统软件工具进行有效捕获、管理和处理的数据集。这些数据集需要采用新的处理策略，以增强其决策、发现和流程优化的能力。大数据以其海量、高速增长和多元化的特点而著称，包括海量的数据规模、快速的数据传输、多种数据类型、低价值密度和真实性。

大数据技术的价值不只是获取大量的数据信息，更重要的是对那些表面上看似不相关但实际上蕴含深意的数据进行深入的专业分析，从而揭示其背后的逻辑联系并得出有价值的结论。从这个角度来说，大数据就是将大量数据转化为知识的过程，它可以被用来预测未来。如果我们将大数据视为一个行业，那么数据可以被看作是原材料，而对数据的处理可以看作是对原材料的深度加工，其真正的价值来源于数据加工的能力。随着互联网、云计算和移动通信技术的快速发展以及相关应用系统的不断完善，大数据正在深刻改变人们的生产生活方式。大数据领域的核心技术涵盖了大数据的收集、预处理、存储和管理，以及大数据的分析和深度挖掘等方面。

其关键技术：

（一）大数据采集

数据采集（DAQ），也被称为数据获取，传统上是指从传感器和其他待测设备等模拟和数字被测单元中自动采集信息的过程。但在大数据时代，它的含义已经扩展到包括网络中的数据、搜索引擎中的搜索数据、监控中的图像数据等多种数据获取方式。

商业数据、互联网数据和传感器数据是大数据的主要来源。随着大数据时代的到来，大数据处理成为当前研究热点之一。传统的数据收集方式往往来源单一、结构单调，并且数据量相对较小。存储方式主要依赖关系型数据库和并行数据库。而对于大数据，其数据来源非常广泛，数据量巨大，包括结构化数据、半结构化数据和非结构化数据，其存储方式则是采用分布式数据库。

针对大数据的采集方法主要有三种：

1. 数据库采集

传统企业通常采用关系型数据库 SQL Server、MySQL 或 Oracle 等存储数据，常用工具 SqooP 和 ETL 进行传统数据库间的数据传递，另外开源工具 Kettle 和 Talent 也有大数据集成功能，可实现数据库之间的数据同步和集成。

2. 网络数据采集

网络数据采集主要用网络爬虫或网站公开的 API 接口等方式进行将网络中的非结构化、半结构化的数据从网页中提取出来，以结构化的方式存储为本地数据文件。

3. 文件采集

文件的采集，一般采用日志收集系统进行实时的文件采集和处理，如果仅做日志的采集和分析，日志分析系统（ELK）解决方案也可以。

（二）大数据预处理

现实中我们采集到的数据大多是不完整的、不一致的，称之为"脏数据"，无法进行数据挖掘。为了提高数据挖掘的质量，产生了数据预处理技术。数据的预处理是指对所收集数据进行分类或分组前所做的审核、筛选、排序等必要的处理，从而提高数据挖掘质量，降低挖掘时间。

1. 数据清理

去掉含有噪声的数据和无关数据，包含遗漏值处理、噪声数据处理、不一致数据处理、噪声和离群点处理。其中常用的清理工具是 ETL。

2. 数据集成

数据集成是指将多个数据源的数据合并存放到一个一致的数据存储库中，主要解决模式匹配、数据冗余、数据值冲突检测与处理等问题。

3. 数据变换

数据变换是指处理抽取的数据中存在不一致的过程，包含两类，一是数据名称与格式的统一，即数据粒度转换、商务规则计算、统一命名数据格式、计量单位；二是数据仓库中存在源数据库中可能不存在的数据，需要对字段进行组合、分割和计算。

4. 数据规约

数据规约是指在保持数据原貌的基础上，最大限度精简数据量，包括数据聚集、维规约、数据压缩、数值规约和概念分层等。

（三）大数据存储与管理

大数据的特征就是数据量大，计算量单位为 PB，甚至 EB 或 ZB，存储规模非常大。由于大数据来源于搜索引擎、社交网络、在线服务、公共机构等，数据形态各异，需要建立相应的数据库来存储，且便于管理和调用。大数据存储技术主要有三种：

1. 大规模并行处理架构的新型数据库集群

采用大规模并行架构的新型数据库集群重点面向行业大数据，通过列存储、粗粒度索引等技术，结合高效的分布式计算模式，应用于对分析类应用的支撑。

2. 基于 HadooP 的技术扩展和封装

围绕 HadooP 衍生出来的技术，应用传统关系型数据库较难处理的数据和场景，充分利用 HadooP 开源优势，应用于对互联网大数据存储和分析的支撑。

3. 大数据一体机

专门为大数据的分析处理设计的软硬件结合的产品，由一组集成服务器、存储设备、操作系统和数据库管理系统，以及为数据查询、处理和分析而安装的软件构成。

（四）大数据分析与挖掘

大数据挖掘是从大量、不完整、有噪声、模糊和随机的数据中提取潜在的有用信息的过程。挖掘的对象有关系型数据库、面向对象数据库、数据仓库、文本数据源以及互联网等。数据挖掘主要从可视化分析、数据挖掘算法、预测性分析、语义引擎和数据质量管理等五个方面研究。

1. 可视化分析

分析大数据时最基本的要求就是对数据进行可视化分析，借助图形化手段将分散、结构不统一的数据进行关联分析，通过完整的分析图表直观地呈现出来。

2. 数据挖掘算法

大数据分析的理论核心就是数据挖掘算法，它是根据数据创建数据挖掘模型的一组试探法和计算，通过分析用户提供的数据，针对特定类型的模式和趋势进行查找，使用分析结果定义用于创建挖掘模型的最佳参数，将参数应用于整个数据集从而提取可行模式和详细统计信息。

3. 预测性分析

大数据分析最重要的应用领域之一就是预测性分析。预测性分析结合了统计分析、预测建模、文本分析、机器学习、数据挖掘、实体分析等多种高级分析功能，通过挖掘数据的特点，使行动方案从靠猜测进行决策到依靠预测进行决策。预测性分析在体育赛事预测、股票市场预测、市场物价预测、疾病疫情预测、交通行为预测等方面均有应用。

4. 语义引擎

语义引擎是把已有的数据加上语义，可以将大家从烦琐的搜索条目中解放出来，让用户更快、更准确、更全面地获得所需信息，提高体验。

5. 数据质量管理

数据质量管理是指对数据从计划、获取、共享、维护、应用、消亡生命周期的每个阶段里可能引发的数据质量问题进行识别、度量、监控和预警等管理。

二、大数据应用

（一）大数据与平安中国

在 2018 年的《大国重器》第二季第六集"赢在互联"节目中，播放了一个关于寻找失踪老人的案例，该案例采用了基于大数据的集中共享智慧云计算和精准人脸识别等先进技术，将其集成到天网系统中，从而使其成为平安城市的一个关键组成部分，并为中国社会治理打开了无限的可能性。该项目由深圳市公安局联合深圳中联科技有限公司完成，是我国首个以人工智能为基础的智能安防解决方案。在这个案例中，我们通过分析走失老人的身份信息来获取其人脸图像，并将这些人脸图像输入到天网系统的大型数据库中。随后，我们对全市上万个天网系统的监控摄像机在 4 小时内拍摄的图像进行了大数据检索。经过对比分析后发现走失老人与自己有关联且唯一对应。新一代的智能人脸识别系统能够在每秒数万帧的图像和数千万次的计算中进行人脸比对。仅用 5 秒钟，智能系统就能比对出走失老人的图像，并通过中联所有比对中摄像机的位置，形成一条路径。社区民警可以根据系统提供的路径，在 25 分钟内找到走失老人。

相较于欧美国家，我国在精准人脸识别的算法和应用技术方面具有明显的优势，并且是首个将这一系统用于民用搜救任务的国家。目前在公共安全领域，人脸识别技术被广泛地运用到了安检、门禁、视频监控、人员追踪、身份识别、智能交通等多个行业。同理，大数据系统也被广泛应用于公共安全管理、犯罪预防和追捕活动中。通过在城市街道、机场、市民广场、医疗机构、购物中心和住宅小区等公共区域部署的天网监控系统，实时进行精确的人脸识别，让罪犯没有藏身之地。

（二）大数据与智慧交通

根据数据显示，每年因交通拥堵导致的燃料损耗和商业运营成本的上升造成的经济损失高达数千亿元人民币。结合人工智能和大数据技术，我们引入了智能交通信号灯管理系统和城市交通调度系统，以缓解城市交通拥堵的问题。

该系统采用城市交通监控系统中的计算机视觉芯片来执行边缘计算，从而获取交通流量的相关数据，例如车辆的数量和速度，并据此计算车辆的拥堵状况。城市交通管理系统会对这些数据进行深入分析，以优化路口红绿灯的配时设置，从而提升道路交通的整体效率。在交通信号灯控制方案中，使用了基于深度学习技术的算法来实现车流量统计与排队长度预估。此外，基于积累的不同时间段和天气下的车流大数据，利用人工智能技术预测未来可能出现的车流情况，从而智能地为城市交通路口的红绿灯制定最佳的配时计划，以提升通行的效率。

第三节　物联网

自 1999 年 Kevin Ashton 教授在美国麻省理工学院自动识别中心首次提出物联网这一概念以来，经多年的持续发展，物联网在人们日常生活中几乎无所不在。它不仅改变了人们的工作方式和生活习惯，同时也为社会经济的可持续发展提供着巨大的潜力和机遇。在业界，物联网被广泛看作是继计算机、互联网和移动通信网络后的第三次信息产业变革。物联网技术不仅给我们带来了便捷和高效，同时还为人类社会创造出巨大价值。特别是在最近几年，物联网技术已经崭露头角，成为推动智慧城市、智慧校园和智慧图书馆建设的主要动力之一。随着物联网产业的不断成熟和完善，它将为人类社会带来巨大经济效益的同时也会给人类的生产和生活方式带去新的变革。在全球范围内，许多国家已经视物联网产业为其经济复兴的关键领域。

一、物联网概念

物联网是一种通过 RFID、红外感应器、定位技术、激光扫描器等信息传感设备，按照约定的协议，将物品与互联网连接，进行信息交换和通信的网络，从而实现物品的智能识别、定位、跟踪、监控和管理。物联网是继计算机、互联网之后世界信息产业领域又一次重大革命。物联网技术在多个领域有着广泛的应用，包括但不限于公共事务管理（如节能环保和交通管理）、公共社会服务（如医疗健康、家具建设和金融保险等）以及经济发展建设（如能源和电力、物流零售等）。在现代经济社会中，物联网已成为推动科技创新、促进产业升级、提升国家竞争力的新引擎。物联网技术，作为新一代信息技术的核心部分，在图书馆中也得到了广泛的应用。

物联网涉及的核心技术和领域是：传感器技术和 RFID 标签系统的嵌入式技术。传感器技术能够将传输路径中的模拟信号转化为可以处理的数字信号，再将其转换为数据，并提交给计算机进行进一步的处理。最基础的电子标签系统是由三个主要部分构成的：首先是标签，它由耦合元件和芯片组合而成，每一个标签都有其独特的电子编码方式；其次是高容量的电子标签，它提供了用户可以写入的存储空间，并能附着在物体上以标识目标对象；最后，阅读器是一种设备，用于读取标签信息（有时还可以写入人的名字），它可以是手持的或固定的，天线，用于在标签和读取器之间传输射频信号。其中，电子标签与阅读器之间采用嵌入式方式连接，这种形式称为嵌入系统。嵌入式系统是一个以应用需求为核心，以计算机科技为基石的系统，其软硬件都是可定制的，特别适用于那些在功能、可靠性、成本、尺寸和能耗等方面有特定需求的计算机系统。

二、物联网技术应用

随着物联网相关技术的不断进步和完善，物联网技术已经在多个行业中得到了广泛应用。例如，智能交通、智能物流、智能安防、智慧医疗和智能生产等领域的发展为我们的日常生活带来了极大的便捷性。尽管物联网目前仍然是一个初级的发展阶段，但其在未来社会中的持续发展是不可或缺的。因此，将物联网引入到安防、交通和医学等众多领域具有十分重大的意义。从当前的情况来看，随着平安城市的建设、城市智能交通系统的建立以及"新医改"医疗信息化的快速推进，安防、交通和医疗这三大领域预计将在物联网的发展中率先受益，成为物联网产业市场容量最大、增长最显著的领域。

（一）智能家居

智能家居产品将自动化控制系统、计算机网络系统和网络通信技术整合在一起，实现了各种家庭设备（例如音视频设备、照明系统、窗帘控制、空调控制、安防系统、数字影院系统、网络家电等）的自动化。例如，通过中国电信的宽带、固话和无线网络，人们可以远程操控家庭设备。智能家居是未来家庭信息化的重要组成部分，也是现代社会发展的趋势之一。相较于传统的家居环境，智能家居不只是为家庭提供了一个舒适、高品质的居住空间，还引入了更为智能的家庭安全系统。此外，智能家居还将传统的被动静态家居环境转化为一个具备主动智慧的工具，为用户提供了全面的信息交流功能。

智能家居被视为一个庞大且覆盖面广的系统产品。该系统以住宅作为核心载体，融合了人工智能、物联网、计算机技术和机械自动化控制等多种先进技术，实现了家电设备控制、环境监测管理、信息管理和娱乐影音等家居功能的有机结合，旨在为用户营造一个更加便利、舒适和安全的居住环境。

智能家居为用户创造了一个方便、舒适、安全且节能的居住环境。随着人们生活水平的不断提高，对于家居智能化要求也越来越高，智能家居成为当前社会关注的热点之一。人工智能技术对智能家居的进步起到了不可或缺的支撑作用。在智能家居中使用人工智能技术不仅能够提升家居安全性和智能化水平，同时也能有效节约家庭开支，为人们带来更多的便利。通过网络技术，智能安防设备能够构建一个远程的安全监控系统，并利用生物特性对有意进入住宅的用户进行身份鉴别，从而显著提升住宅的安全级别。在这种情况下，智能安防设备不仅能够实现对家居内的温湿度和烟雾等数据信息的采集，而且可以将这些数据及时地反馈到室内人员的手机上。此外，该系统还能通过与监测器和传感器的联合控制，对住宅内的能源状况进行实时监测，并根据用户的具体需求进行适当的能量调整，以减少住宅的能源消耗，进而构建一个节能和环保的居住环境。

随着我国经济的持续增长，居民的人均可支配收入也在稳步上升，同时，居民的购买力也在年复一年地增强。在这种情况下，我国智能家居行业迎来了快速发展期。随着科技的持续进步，特别是在智能手机和网络技术迅猛发展的背景下，人们对智能产品的了解也在不断加深。消费者对产品的期望已经超越了价格，他们对产品的质量、科技特性和用户体验都有了更高的期望，这为智能家居的进一步发展创造了有利条件

在当前阶段，我国的住宅建设面积和已完工的住宅面积都在持续上升，同时还有众多的老旧住宅正在进行改建工程。在这样一个大环境下，智能家居逐渐成了人们关注的焦点之一。随着时间的推移，更多的消费者选择利用智能家居技术来提高他们的生活水平。随着人们生活水平不断提高，对于家居产品的质量要求也在逐步增加，而目前国内市场上的智能家居品牌良莠不齐。庞大的住宅存量为智能家居创造了更多的发展机会，同时也使得越来越多的人开始重视智能家居的用户体验。

（二）智能医疗

智能医疗系统利用简单而实用的家庭医疗传感器，对家里的病人或老年人的生理指标进行自我检测，然后将这些生理指标数据通过 GPRS 等无线网络发送到护理人员或相关医疗单位。同时，系统也可实时采集患者和家属的相关信息，以方便医护人员及时了解病情变化。此外，该系统还能根据客户的具体需求，提供一系列增值服务，包括紧急呼叫救援、专业咨询以及终身健康记录的管理等。目前，已有多家医疗机构和研究机构开始尝试利用该系统对老年人开展个性化健康监护，以提高其生活质量。智能医疗系统在某种程度上减轻了现代社会中，由于工作繁忙而无法照顾家里老人的子女的困扰。

1. 智能医疗的定义

"智能医疗"这一术语是在 2008 年首次提出的。其核心方法是充分利用和整合人工智能、物联网和传感技术等前沿技术，以助力建立医疗服务信息基站和病人健康大数据资料库。值得一提的是，CIBM 公司是首家将人工智能和物联网技术引入医疗系统的公司。目前"智能医疗"已经从实验室研究阶段进入到实际

运用阶段。在市场上，医疗智能穿戴产品受到了热烈的欢迎，这也意味着"智能检测+医疗终端"的商业策略已经取得了显著的成果。随着我国社会经济水平不断提升，人民对医疗卫生服务需求越来越高，传统的医院管理模式已经不能满足现代社会发展需要，而"智能医疗"则成为未来医学模式转变的主要方向之一。从那时起，"智能医疗"在诸如临床手术、公众健康、远程医疗服务以及大数据平台合作等多个领域都展现出了其不可或缺的价值。目前，我国智能医疗主要包括移动端医疗监护设备、智慧病房及医院管理三个领域。智能医疗的最佳目标是在高度信息化的基础上，逐渐促进患者与医务人员、上级医疗机构与下级医疗机构以及医疗设备与服务对象之间的互动和交流。随着互联网技术和智能手机应用的普及，人们可以通过移动网络获取各类医疗信息。随着智能医疗技术的涌现，医疗行业得到了飞速的发展，并逐渐步入了智能体验的领域。

2. 智能医疗的发展趋势

目前，智能医疗在全球的发展越来越好，截至 2017 年，市场总体销售额为 2510 亿美元，同比增长了 12.7%。观察全球医疗行业的发展趋势，人工智能预计将在医疗领域的四个主要方向上取得进展，并逐步进入消费者的视线，成为我们日常生活的一部分。人工智能的先进技术预计将使医疗行业焕发新的光彩。

智能健康管理方面，医疗服务智能设备不仅能够监测人们的基本生理特征，如血压、食量、血糖指数和睡眠规律等，而且还扩展到了具体的身体健康管理的线上应用，例如家庭虚拟护士、食物致病成分识别、心理健康治疗、预约问诊、健康干预方案等健康管理客户终端。许多企业和机构已经开始探索将智能医疗穿戴设备、APP 终端和智能手机整合在一起的可能性，目的是更方便地整合病人的信息和病历资源，从而更好地帮助病人长期管理日常健康，并提供个性化的医疗服务方案。

（1）医疗机器人

近几年，先进的科技进步使得医疗服务机器人变得越来越智能，例如用于辅助病人行走的医疗假肢、手部骨骼系统，以及用于医护人员日常工作或病历整理的医疗辅助机器人等。这些都是医疗服务机器人在医学上应用的体现，但它们的应用领域还很局限。目前，我国的医疗服务机器人技术正逐渐走向成熟。其中，一些医疗机器人不仅能够对病患的病情进行分析诊断，还能通过语音播报给病人做相应的护理指导和治疗建议。例如，武汉同济医院门诊的"小胖医生"不仅可以进行医疗知识的宣传和投影医院地图，还提供导航和回答病人问题的功能，更可以根据需求为患者进行娱乐表演。另外，"贝贝医生"还能通过语音识别向患者发送指令，从而避免医患纠纷。科大讯飞医生，与被称为"小胖医生"的医生一样，已经在多家医院开始了他的"工作"。该公司推出的远程医疗机器人是一个以语音识别为基础的智能设备。该系统拥有为患者提供咨询、预约挂号、医院道路指示、医疗报告打印等多项功能，能够减少护理人员回答重复询问和指导病人的工作量，实现了在人流量大的情况下对患者的快速指导和疏散。目前我国已有多家医疗机构开始使用这种新型机器人服务于临床。在上海浦东医院，远程医疗机器人可以利用远程传输技术向高级医院的医生咨询关于病人病症的观点和治疗方案。此外，该机器人还可以向护士们介绍最新的治疗手段。远程医疗机器人突破了地域的限制，使得诊断和治疗过程变得更加迅速，从而避免了错过最佳的治疗时机。随着科学技术的进步以及医学模式的转变，智能护理机器人逐渐成为一种新型的临床辅助设备。在不久的将来，将会有更高智能化水平的护理机器人出现，以确保人们的身体健康得到更好的保护。

（2）药物研发

基于众多的医学教材、数以百万计的患者病历以及众多医生的治疗建议等大数据资料，人工智能系统有能力在这些复杂的信息中筛选出精确的药理数据，并据此提供药物成分的分配比建议。可利用数据挖掘算法建立一种智能筛选方法用于指导临床用药，以减少不合理处方出现的概率。利用计算机模拟的实验模型和人工智能系统，我们可以更深入地比较和预测研发药物的配比、安全性、活性成分以及可能出现的副作用。这有助于我们更迅速地开发治疗当前疾病的药物，推动药物研发技术的进步，降低新药的成本，并显著缩短新药开发的时间。

（3）智能诊疗

智能诊疗是一种将计算机软件技术应用于患者病程治疗的方法，它可以帮助医生分析患者的所有检验报告，进行病理研究，从而得出最佳的诊疗方案。智能诊疗系统是基于云计算的医疗信息系统平台，由多个独立运行的软件模块组成。后台电脑能够深度分析大数据，自动响应病人的临床检测指标和变量等信息，模拟人类医生的推理过程，迅速给出诊断结果和治疗方案，从而为病人提供相应的治疗。

智能医疗本身就是跨界融合的学科，将人工智能、医学、生物学、药理学等按一定比例结合在一起。现在，越来越多的上市公司开始涉足医疗人工智能领域。在之后的五到十年内，智能医疗会首先表现在物联网技术上，被应用于特殊病房看护、隔离病房看护、手术治疗、身体康复以及家庭医疗看护中。智能医疗产业还将融入人工智能技术等，进一步实现医疗信息可视化，护理工作无纸化，来优化医疗服务流程，提升医疗服务质量和效率。在未来，各大医疗机构将不可避免地改变他们的医疗服务方式，全面步入数字化医疗的新时代。这将进一步促进不同地区医疗资源的深度整合和共享，从而有效地降低医疗成本，在一定程度上缓解人们对医疗服务体验感觉差等问题。

智能医疗还将在以下三个方面得到发展：①治疗前期。这一部分是目前人工智能发展比较成熟的部分。临床治疗前的工作包括医学影像诊断、辅助诊断、虚拟机器人护理等。②治疗过程中。医疗服务机器人、药物研发穿戴设备等，由于其研发投入大、周期长、失败率高，产业发展的需求量更大。③康复阶段。这一部分使用环境较多且应用范围较广，包括医疗系统信息化、身体健康管理大数据化以及治疗风险判断等，在未来人们必定会研发更多种医疗康复产品，用于慢性病跟踪治疗、骨骼恢复治疗方面的产品。

3. 智能医疗系统的分类

(1) 智慧医院系统

医学手术影像的传输和存储系统、医院信息管理系统、实验室数据管理系统、医疗工作站系统都属于智慧医院系统的组成部分。各个系统之间的交流合作实现了病人诊疗的收集分析，医院管理信息的存储和提取工作。

(2) 区域卫生系统

区域卫生平台具有收集处理患者健康信息、社区与上级医院医生交流的功能，同时还负责卫生管理部门记录卫生资料和相关医疗科研部门的系统管理服务等。如现在的社区医疗机构，除了为慢性病患者提供出院后的基本跟踪治疗外，在面临重大疾病和急性并发症时可及时联系上级医院进行转诊治疗等。

(3) 家庭健康系统

随着"大病去医院，小病在家处理"观念的普及，家庭健康系统作为人们处理小病的基本保障系统，发挥了重要的作用，尤其对于部分慢性病、常年卧床或者残疾、传染病的患者提供了方便舒适且快捷的医疗服务。家庭健康系统可以提醒病人按时服药并进行药物服用说明的讲解，还可对病人实现实时的生理数据监测。在家庭健康系统的保障下，人们可以得到更全面、更放心的身体疾病管控服务。通过家庭健康系统附带的公共卫生专网系统，还可以实现与医院或者政府相关部门的互联互通，为人们身体健康提供安全保障。

(三) 智能城市

智能城市的产品涵盖了城市的数字化管理以及对城市安全的集中监测。前者是通过计算机软硬件系统来完成，而后者则是依靠物联网技术和移动通信技术来实现。前者采用了"数字城市"的理念，并依赖于3S（GIS、GPS、RS）等核心技术，深度挖掘和运用空间信息资源，旨在构建一个服务于城市规划、建设和管理、政府、企业、公众以及人口、资源环境和经济社会可持续发展的信息基础设施和系统。后一种业务是基于宽带互联网进行的实时远程监控、传输、存储和管理。通过利用宽带、4G和5G网络，可以将分散的、独立的图像采集点连接到网络上，从而实现对城市安全的统一监控、统一存储和统一管理，为城市管理和建设者提供了一种全新、直观、视听觉范围扩展的管理工具。物联网是继计算机、互联网之后又一次信息技术革命。在高度智能化的城市环境中，众多的智能传感器被嵌入到城市的各种物体里，这些传感器通过互联网进行互联，进而构建了物联网系统，实现了对城市环境的全方位感知。同时，随着大数据、人工智能等新兴信息技术的发展，也产生了海量的城市运行状态数据。这类感知数据利用云计算和其他先进的智能技术进行深入的分析和解读，从而实现物联网与数字化城市的完美结合，为城市的各种系统需求提供了智能化的决策辅助。

　　智能城市的建设覆盖了城市的每一个角落，它的核心结构大体上可以被划分为三个主要层面：信息的基本层面、实际应用层面以及综合决策层面。其中，信息基础层为城市信息化提供最基础性的服务，而应用层则是实现城市信息交换共享与业务协同发展的平台，它在很大程度上决定着城市的未来命运。信息基础层主要集中在信息基础设施的建设方面；应用层主要涵盖了政府、企业和社会大众这几个群体在基础设施方面的运用；综合决策层则是在这三层之上建立起一个完整的体系，即由信息基础设施层、信息应用层及综合信息平台构成。综合决策层是基于政府、企业和社会大众对信息基础设施的使用，生成了一系列的数据和信息，根据这些信息对城市管理的各个方面做出科学的决策，综合应用层是一个综合性的应用系统。

贝尔信智慧科技运营商将智能城市体系概括为一句话，"以 VIDC 为基础，实现智能感知、互联互通、协调共享和城市运营"（其中 VIDC 指的是城市级互联网数据中心 IDC，是公云的概念，它是贝尔信提出的支撑智能城市运营的物理方式），简称智能城市 4+1 体系。

1. 智能感知

智能城市通过各类传感器、RFID、无线定位系统等智能化设备和技术对城市人口、资源、环境等各个系统的运行进行智能感知。让管理者对城市各系统的运行状况能从视觉上清晰了解，并能用统一的语言进行统计、交流和存储。

2. 互联互通

智能城市通过互联网、通信网和广电网的融合，使采集到的城市各层级数据实现互联互通，城市各层级数据能够相互通信和联结打破"信息孤岛"，实现信息横、纵两个方向的贯通。

3. 协同共享

政府、企业和社会公众各群体都能够在对等的条件下实现信息和资源的共享。它有两个落脚点：第一，在全面支持政府日常的决策办公，提升办公效率的同时，能在突发事件出现时迅速调动应急指挥系统做出及时有效的响应；第二，方便市民出行、理财等活动，改变市民的生活方式，增强市民生活的幸福感。

4. 城市运营

智能城市随时更新城市各系统运营的基础数据，向公众发布即时信息，支持政府在线办公，对突发事件给出应急响应并做出智能化决策，即城市级运营能够有效维护和提高城市的信息化水平，从而为市民提供更优质的服务。

（四）智能环保

智慧环保是数字环保概念的延伸和拓展，它是借助物联网技术，把感应器和装备嵌入到各种环境监控对象（物体）中，通过超级计算机和云计算将环保领域物联网整合起来，可以实现人类社会与环境业务系统的整合，以更加精细和动态的方式实现环境管理和决策的智慧。

智慧环保的总体架构包括：感知层、传输层、智慧层和服务层。

1. 感知层

利用任何可以随时随地感知、测量、捕获和传递信息的设备、系统或流程，实现对环境质量、污染源、生态、辐射等环境因素的"更透彻的感知"。

2. 传输层

利用环保专网、运营商网络，结合4G、5G、卫星通信等技术，将个人电子设备、组织和政府信息系统中存储的环境信息进行交互和共享，实现"更全面的互联互通"。

3. 智慧层

以云计算、虚拟化和高性能计算等技术手段，整合和分析海量的跨地域、跨行业的环境信息，实现海量存储、实时处理、深度挖掘和模型分析，实现"更深入的智能化"。

4. 服务层

利用云服务模式，建立面向对象的业务应用系统和信息服务门户，为环境质量、污染防治、生态保护、辐射管理等业务提供"更智慧的决策"。

（五）智能交通

智能交通系统（ITS）是未来交通系统的发展方向，它是将先进的信息技术、数据通信传输技术、电子传感技术控制技术及计算机技术等有效地集成运用于整个地面交通管理系统而建立的一种在大范围内全方位发挥作用的实时、准确、高效的综合交通运输管理系统。ITS可以有效地利用现有交通设施，减少交通负荷和环境污染，保证交通安全，提高运输效率。因而，ITS 日益受到各国的重视。中国物联网校企联盟认为，智能交通的发展跟物联网的发展是分不开的，只有物联网技术概念不断发展，智能交通系统才能越来越完善。智能交通是交通的物联化体现。21 世纪将是公路交通智能化的世纪，人们将要采用的智能交通系统，是一种先进的一体化交通综合管理系统。在该系统中，车辆靠自身的智能在道路上自由行驶，公路靠自身的智能将交通流量调整至最佳状态，借助于这个系统，管理人员对道路、车辆的行踪将掌握得一清二楚。

1. 交通信号控制

在确保行人通行安全的前提下，信号机通常被安置在路口人行道上，距离人行道和车道的分界线大约 0.5m 的地方。最好选择一个相对阴凉的位置，并与附近的市政设施保持协调。信号机可以独立地按照预定的方案控制机动车、行人信号灯和可变交通标志等。此外，信号机还可以通过通信设备与中心控制计算机连接，接收并执行中心预设的方案，或者通过中心计算机利用 UTC/SCOOT 系统进行实时优化生成的方案。与传统的信号控制方式相比，智能交通信号控制技术能够实时地将信号传送至指挥中心。该指挥中心会根据各个路口的不同方向的交通流量来控制信号灯的运行时间，从而减轻现场交通执勤人员手动操作信号灯的不便，有效地降低人工成本，并提升时间价值。

2. 道路交通监控

全路段和全城的实时智能交通监控系统能够对交通事故逃逸的车辆进行即时锁定，从而避免了传统的通过事故现场来识别肇事车辆的颜色和型号的做法。此外，系统还可以调用不同路口的交通影像来追击肇事车辆，这不仅节省了大量的人力和物力，还节省了宝贵的时间。另外，当事故发生后，智能交通监控系统能够根据路况自动开启或关闭摄像头进行视频取证，并及时将证据上传至公安部门。另外，在交通事故发生时，一旦有伤者出现，智能交通监控系统将激活紧急呼叫救护车的机制。当发生车祸后，智能交通系统能够快速定位事故地点，并将伤者及时送到医院抢救，这就大大降低了对生命造成威胁的概率。除了这些，智能交通系统在人流密集的车站等地方能够实时监测交通信息，这也有助于减少交警的巡逻频率，从而降低整体的管理开销。

3. 交通信息采集和诱导

智能交通系统的关键在于信息的收集、导向以及发布。车载导航系统作为智慧交通体系建设的重要组成部分之一，其发展将对整个城市交通产生重大影响。在智能城市环境下，车载导航系统与信息处理中心实现了实时的互联互通。在交通监控系统中，各种交通状况，如严重拥堵、非常拥堵、一般拥堵和流畅等，都会被实时地发布在车载导航系统上。当出现交通拥堵时，车载导航系统通过对车辆行驶路径进行预测分析来指导驾驶员做出合理决策，从而减少因盲目驾驶而造成的损失。车载导航系统能够依据时间最短和路线最流畅的原则来重新设计行车路线，从而帮助司机规避交通拥堵的路段。通过分析道路交通流特性，建立了一种基于模糊理论的路网交通流模型。目的是使车流更加分散，从而提高道路的通行效率。通过分析车辆行驶轨迹发现城市交通规律，为政府制定道路交通政策提供科学决策依据。公安、交通、金融等多个部门每天都会汇集智能终端收集的数据。通过分析这些信息可以有效掌握路网情况，为交通管理决策提供情报支持。与此同时，有关部门对交通数据进行的整合有助于更准确地预测居民的出行偏好和需求，这为交通需求预测和交通网络规划提供了强有力的支持。

4. 停车引导

随着中国城市化进程的加速，城市居民数量也在持续增长，尽管中心城市的建设用地已大幅缩减，居民对土地的需求却在不断增加，从而引发了一系列问题。其中一个突出的矛盾就是停车难。随着人们生活品质的不断提升，城市中的居民拥有的车辆数量持续攀升，但与此同时，停车空间的短缺也日益加剧。同时，一些老旧住宅小区由于缺乏有效管理，导致大量空置车位被闲置或损坏。为了解决车位短缺的问题，可以利用小区的空闲车位和公共车位为有需要的车主提供服务，这就需要开发智能停车引导系统，为车位的主人和车主提供相应的服务。以北京市朝阳区某住宅小区为例，进行智能停车场设计研究。在工作时段，私家车的停车位是可以付费开放的。所有的信息都会被发送到指挥中心，并由该中心在相应的软件中发布。车主如果需要停车，只需通过手机导航，就可以找到离自己最近的合适车位。同时，也可以在该区域内寻找其他位置，实现自动预约车位功能，方便车主使用。这种方式不仅解决了车主找不到停车位的问题，还避免了私人停车位的闲置，并缩短了等待时间，从而实现了环保和低碳的目标。

第四节　云计算

在互联网的时代背景下，为了存储和处理大量的数据，我们需要强大的计算能力，因此云计算已经被广泛接受为一种高效的计算手段和服务。云计算技术具有高可用、低延时及低成本等优势，已经广泛应用于各行各业。云计算为各种服务提供了独特的计算模型，使得用户能够像利用水和电那样，在网络上利用云计算资源并根据需求进行付费。在这种情况下，人们对云计算的依赖程度越来越大，云计算技术已经渗透到生活中的方方面面，包括教育行业。在 2020 年的新冠疫情暴发后，全国各地的学生都选择在家中通过云平台和在线视频的形式来学习。当疫情得到控制后，所有人都能迅速地恢复正常的教学秩序。云计算在线教育在这一过程中起到了不可或缺的作用，并在很大程度上推动了在线会议、在线培训等多种与云计算相关的新应用模式的实施。

一、云计算的概念

云计算是一种计算资源交付模型，其中集成了各种服务器、应用程序、数据和其他资源，并通过互联网以服务的形式提供这些资源，并且通常对资源进行虚拟化。

狭义上讲，云计算就是一种提供资源的网络，使用者可以随时获取"云"上的资源，"云"就像自来水厂一样按需求量使用和付费。广义上讲，云计算是与信息技术、软件互联网相关的一种服务，这种计算资源共享池叫作"云"，云计算把许多计算资源集合起来，通过软件实现自动化管理，也就是说，计算能力作为一种商品，可以在互联网上流通。

总体来说，云计算并不是一项创新技术，而是一种全新的技术在网络环境中的应用模式。其核心思想是以互联网为基础，在网站上提供高速和安全的云计算服务和数据存储，以便每一个使用互联网的用户都能充分利用网络上庞大的计算资源和数据中心。随着云计算技术的发展，它已经深入各行各业中。对大多数用户而言，尽管他们可能正在利用云计算，但他们可能并未意识到，例如在线发送邮件、编辑文件、观看电影或电视、听音乐、玩游戏或存储文件，这些都可能是云计算背后的助力。

其历史发展是，20 世纪 60 年代末到 90 年代末是云计算的基础技术积累阶段，发展了虚拟化、网格、分布式并行技术等。20 世纪初是云计算的出现阶段，出现了 LaaS 和 SaaS 等应用。2006 年到 2009 年，随着云计算三种形式的出现以及 IT、电信和互联网公司大力推广云服务，云计算基本形成。2009 年到 2015 年是云计算的发展阶段，功能逐渐完善，传统企业也纷纷拥抱云计算。从 2015 年至今，云计算形成了主流标准和平台，格局趋于稳定。

云计算的类型如下：

没有一种云计算能适应所有人，不同的客户需求有所不同。一般来讲，部署云计算平台有三种不同的方法：公有云、私有云和混合云。

（一）公有云

公有云为第三方云厂商所拥有和运营，通过互联网提供计算资源，如服务器和存储空间。公有云所有的硬件、软件和其他支持性基础结构均为云厂商提供和管理，客户使用 Web 浏览器访问这些服务和管理账户。比较知名的公有云公司有 AWS、微软、谷歌、阿里云、IBM、腾讯云、华为云等。

（二）私有云

私有云是指专供一个企业或组织使用的云计算资源，私有云可以实际位于公司的现场数据中心之上，或者向第三方服务提供商付费托管其私有云，私有云在专用网络上维护服务和基础结构。比较知名的私有云公司有华为私有云、新华三（紫光云）、浪潮云、VM ware、阿里私有云、腾讯私有云、深信服等。

（三）混合云

混合云是公有云和私有云的结合，通过允许在这二者之间共享数据和应用程序的技术将它们绑定到一起。混合云允许数据和应用程序在私有云和公有云之间移动能够更灵活地处理业务并提供更多部署选项，有助于优化现有基础结构、安全性和符合性。比较知名的混合云公司有天翼云、移动云、浪潮云、网易云等。

二、云计算的发展现状

世界主要国家已经意识到云计算对于经济发展的重要作用，纷纷加大了对云计算产业的发展力度。美国早在 2011 年就颁布了《联邦政府云战略》，提出力争到 2020 年云计算占比达 30%。德国云计算行动计划指出，力争到 2021 年云计算大幅推动经济增长。日本、德国等国家也在抓紧云计算产业布局。在国内，早在 2015 年，国务院就在印发的《关于促进云计算创新发展培育信息产业新业态的意见》中明确指出，云计算是当今科研领域的重点研发内容。随着政府、企事业等单位数字化、智能化转型的演进，上云趋势将加速发展，预计到 2024 年，中国政府和大型企业上云率将超过 60％。

云计算市场已成为全球经济发展的重要支撑，近几年一直保持稳定增长，我国的云计算市场更是飞速增长。根据高德纳的数据统计，2020 年全球云计算市场规模（以 LaaS、PaaS 和 SaaS 为代表）达 2083 亿美元。其中，中国云计算整体市场规模为 2091 亿元，较 2019 年增长 6.6％，其中公有云市场规模为 1277 亿元，私有云市场规模为 814 亿元。公有云市场中，LaaS、PaaS 迎来突破式增长，LaaS 市场规模为 895 亿元，较 2019 年增长 97.8％，随着企业基础设施的加大投入，预计市场需求依然旺盛；PaaS 市场规模突破 100 亿元，增速为 145.3％，随着中间件数据库等服务的成熟，PaaS 市场预计仍会保持高速增长，公有云 SaaS 市场规模达到 278 亿元，增速为 43.1％，疫情期间人们对线上业务的需求增加将会持续刺激 SaaS 市场的突破。国内厂商份额方面，中国信息通信研究院调查显示，在 2020 年公有云 LaaS 市场中，阿里云、天翼云、腾讯云、华为云、移动云占据前五名；公有云 PaaS 方面，阿里云、腾讯云、百度云、华为云位于市场前列。

三、云计算的发展趋势

从产业链分，云计算可分为上游核心硬件（CPU、闪存、内存等）、中游 IT 基础设备（服务器、存储设备、网络设备等）以及下游云生态（基础平台、云原生应用等）。

上游核心硬件方面，芯片是重中之重，国内企业在计算、存储芯片等领域正持续进行自主研发，但在自主研发能力上与发达国家比差距明显。我国服务器芯片基于 X86、ARM、MIPS 等架构，涌现出兆芯（X86）、天津飞腾（ARM）、华为鹏（ARM）、成都威（AlPha）等芯片，RISC-V 也是国内很多公司的关注点。

中游 IT 基础设备方面，全球基于 X86 架构芯片的服务器占大部分市场，而我国应用较多的有使用华为鹏（ARM）芯片的泰山服务器、使用天津飞腾（ARM）芯片的服务器、使用成都申威芯片的服务器等。我国在服务器和存储设备等领域正加大自主研发力度，除核心芯片外，其他服务器零部件国产化率已经超过 60％。下游云生态方面，国内服务商在自主研发方面不断努力，云基础平台有华为鲲鹏云服务、阿里飞天平台等。在数据库领域，Oracle 增速迅猛，国内企业也在高速发展，典型的有腾讯云数据库、华为数据库。

在未来，云计算行业将在应用场景、结构设计和技术应用等多个方面经历深刻的变革。应用层面，我国企业对"大数据"的关注度不断提升，同时也面临着数据安全问题。在应用领域，我国的互联网和信息服务行业中，云原生应用的比例略有减少，但金融、政务、电信等特定行业的应用正在快速增长。其中，金融行业是应用最为集中的领域。从架构的角度看，随着企业向云端的扩展，对云网整合的需求也随之上升。到 2020 年，超过一半的企业期望本地数据中心能与云资源池建立连接。技术层面，虚拟化是云计算技术最主要的特征之一。随着边缘侧业务领域的多样化，边缘计算市场呈现出快速的增长趋势。与此同时，云计算、边缘计算与网络的深度整合，为用户提供更为高效的计算服务，也逐渐成了一个关键的发展趋势。未来几年，我国云计算市场仍将保持较快增长态势，但增速放缓。在技术层面上，云计算的安全性还需要进一步加强。由于云计算环境下的数据和应用具有高并发性和动态性等特点，对安全保障提出了新要求。随着企业进入云端的数量逐渐增加，对安全的需求也在持续上升，但目前的云安全状况仍然很严重，传统的安全框架已经不能满足这些需求。因此，需要从多个角度出发进行创新和改进，构建更加完善的安全防护体系。对当前的安全架构进行改革或升级是当务之急，而以信任为核心的安全机制正在国内外逐渐流行起来。在国内，云原生技术正在逐步走向成熟，并取得了一定成效，但还存在一些问题有待解决。此外，云原生技术在提高资源的使用效率、优化交付速度和简化运营维护上都有显著的表现，随着云原生技术的持续进步，其架构的规模也得到了明显的扩大。

云计算技术已经融入并影响我们的日常工作和生活，在远程医疗互联网银行和电子商务等领域中发挥了重要作用，现在已经涌现出各种云服务，如存储云、教育云、医疗云、金融云等。在新冠肺炎疫情期间，云计算为全球经济、供应链以及远程工作的员工提供了支持。显然，云计算技术已成为数字经济的重要赋能技术。同时，云计算作为数字经济时代的基础设施被赋予更多的使命，深度融合的新型信息技术正在为云计算市场注入新活力，以云计算为核心，融合 AI、大数据、5G 等技术将成为推动我国数字经济创新发展的重要引擎。

四、云计算应用

在"互联网+"的政策和产业环境影响下，我国的云计算行业逐渐步入了成熟和快速发展的阶段，应用在实际应用中取得了显著的进步，云计算的产业链和生态环境也在不断地形成和完善。作为一种新兴的信息产业形态，云计算产业具有广阔前景和巨大潜力，成为未来信息技术领域中最重要的战略性新兴产业之一。在最近的几年中，得益于政府、各个行业和 ICT 制造商的大力支持，云计算的产业链也得到了显著的加强和扩展。目前云计算技术已经渗透到国民经济的各个行业领域中去，成为国家战略性新兴产业之一。在政府的严格监督之下，云计算服务供应商与提供软硬件、网络基础设施的服务提供商，以及云计算咨询规划、交付、运营维护、集成服务和终端设备的制造商，共同构建和完善了云计算产业的生态链。国内有大量提供云计算全面解决方案的大型企业，例如：阿里云、百度云、腾讯云、华为云和各大电信运营商构建的云平台，为政府、企业和个人用户提供了大量的云应用服务。云计算作为新一代信息技术，正在改变着人类社会生产生活方式，也给全球经济带来巨大变革，推动各国信息化建设进入全新阶段。经历了将近十年的迅猛增长后，我国的云计算行业已经崭露头角，成为信息技术行业的主要发展焦点，而云计算市场不仅维持了高速的增长势头，而且预计将持续这种增长。

12306 火车票购票系统是典型的混合云计算方案。12306 购票网站最初是私有云计算，消费者平时用 12306 购票没有问题，但是一到节假日有大量购票需求的时候，消费者在购票的时候就会遇到页面响应慢或者页面报错的情况，甚至还会出现无法付款的情况，用户体验感特别差。为了解决上述问题，12306 火车购票网站与阿里云签订战略合作，由阿里云提供计算服务，以满足业务高峰期的查票检索服务，而支付等关键业务在 12306 自己的私有云环境中运行。两者组合成一个新的混合云，对外呈现还是一个完整的 12306 火车购票网站。

（一）12306 火车购票系统

12306 被认为是"全球最忙碌的网站"。如此繁忙的系统没有使用上的问题，其核心就是采用了混合云架构技术，为系统稳定、高效运行提供了技术支撑。这些技术措施体现在：

（1）利用外部云计算资源（阿里云）分担系统查询业务，可根据高峰期业务量的增长，按需及时扩充。

（2）通过双中心运行的架构，系统内部处理容量扩充一倍，可靠性得到有效保证。

（3）对系统的互联网接入带宽进行扩容，并可根据流量情况快速调整，保证高峰时段的旅客顺畅地访问网站。

（4）防范恶意抢票，通过技术手段屏蔽抢票软件产生的恶意流量，保证网站健康运行，维护互联网售票秩序。

（5）利用云计算虚拟化、分布式计算和并行计算等相关技术，当服务器

CPU 到达高位时，可以快速从资源池获取虚拟机资源来分摊负荷。网络设备、Web 服务器、应用服务器都可以做弹性快速扩展。同时，利用分布式、并行计算技术，实现票务快速处理的一致性、稳定性和实时性。

12306 在阿里云平台上推出了车票查询服务，通过精心的策略配置，可以实时地将车票查询的流量引导至公共云端，从而在售票高峰时段减轻网站的资源和带宽负担。为满足乘客需求，对票务系统进行优化设计，提高服务质量并降低运营成本。12306 互联网售票系统采纳了虚拟化技术，构建了两个中心的双重架构。这两个中心都采用了相似的部署方式，并各自拥有独立的 Web、AS、排队系统、缓存服务集群、车票查询集群、用户数据集群、交易中间件以及电子客票库。在双中心之间建立起一条安全通道，即铁路主管部门的私有云中架设着一个或多个服务器作为双核运算节点，而阿里云则搭建着一个数据中心。在正常情况下，两个中心会同时在线提供服务，如果其中一个中心出现故障，另一个中心可以负责全部的售票业务。在安全方面，通过对网络、数据安全以及服务器性能等方面的综合考虑，提出了一系列有效措施来保证系统的安全性。这些建议的核心思想是将铁路管理部门的私有云与拥有强大技术和维护能力的阿里云进行整合，从而创建一个分工明确、高效稳定的混合云平台，确保这一繁忙系统能够稳定运行。

（二）华为云计算

华为是全球领先的信息与通信解决方案供应商，是世界 500 强企业、中国民营企业 500 强之一，华为云以全球领先的研发创新能力为用户打造专业、安全、可信的云计算产品。华为云包括以公有云为平台的云服务产品，如计算服务、存储服务、网络服务、云安全、软件开发服务等。针对企业 IT 的不同场景，为企业提供完整高效、易于构建、开放的云计算解决方案，为用户提供弹性、自动化的基础设施，按需的服务模式和更加敏捷的 IT 服务，包含数据中心虚拟化解决方案、桌面云解决方案等产品。

华为云的主要功能包括：

（1）Fusion SPhere 是基于 Pen Stack 架构的云操作系统，具有强大的虚拟化功能和资源池管理，帮助客户水平整合数据中心的物理和虚拟资源，垂直优化业务平台，让企业的云计算建设和使用更加便捷。

（2）Fusion Insight 是企业级大数据存储、查询和分析的统一平台。它以海量数据处理引擎和实时数据处理引擎为核心，让企业从各类繁杂无序的海量数据中发现全新的商机。

（3）Fusion Storage 分布式存储系统，是为了满足云计算数据中心存储基础设施需求而设计的一种分布式块存储软件，可以将通用 X86 架构的服务器本地 HDD、SSD 等存储介质通过分布式技术组织成一个大规模存储资源池，对上层的应用和虚拟机提供标准的 SCSI 和 ISCSI 接口，类似一个虚拟的分布式 SAN 存储。

（4）Fusion Cube 超融合一体机，融合计算、存储、网络、虚拟化、管理于一体，具有高性能、低时延和快速部署等特点，并内置华为自研分布式存储引擎，深度融合计算和存储，消除性能瓶颈，灵活扩容，支持业界主流数据库和业界主流虚拟化软件。

第五节　5G 时代

一、5G 的概念

5G 的全称是第五代移动通信技术，它代表了最新的数字蜂窝网络技术，并自 2019 年起在全球范围内进行了大规模的推广和应用。由于其具有高带宽、低时延和高可靠等特点，因此被称为新一代信息基础设施，可以实现万物互联，推动全球经济发展与社会进步。每隔十年，移动通信技术都会进行一次更新，目前它已经经历了从 1G 到 5G 的技术演进，其应用范围也在不断地扩大。从第一代模拟蜂窝系统到第二代数字蜂窝系统再到第三代数字蜂窝系统，每一次更新换代都推动了全球信息产业的进步，也改变着人们的生活方式。在 20 世纪 80 年代，1G 网络开始运行，它的模拟信号只有语音通信的功能，并且其传输速率只有2.4kbps。1G 技术极大地推动了通信行业的飞速增长，但其初期的主要特点包括：高昂的通信技术应用成本、单调的商业模式和较小的市场规模。到了 20 世纪 90 年代，2G 网络从模拟信号演变为数字信号，能够支持文本和语音通信，传输速度达到了 64kbps。在这一阶段，手机实现了短信互发和低速上网功能，通信技术和与手机生产相关的产业链变得更加复杂，市场规模也迅速扩大。随着互联网的兴起，通信技术进入到全新阶段，以互联网连接为主的宽带业务成为主流，用户使用频率提高，用户数量激增，推动着整个行业迅速增长。3G 被认为是移动通信新时代的核心要素，它不仅提供了高频宽和稳定的数据传输，还实现了互联网的接入。因此，视频电话和大数据的传输变得更为普及，移动通信也获得了更广泛的应用场景。在 4G 时代，全 IP 组网的网络应用使得传输速度达到了 3G的 10 倍，实现了智能手机、平板电脑等无线终端设备的广泛普及，为直播、移动购物、移动社交等多种广泛的应用场景奠定了基础。

在 5G 网络中，"蜂窝"指的是供应商覆盖的服务区域，声音、图像在手机中变成模拟信号后，再通过模数转换器变成比特流传输。所有的 5G 无线设备在蜂窝中，都可以通过无线电波与本地天线阵和发射机、接收机等进行通信。

二、5G 的特点

5G 是第 5 代移动通信的简称，与 4G 相比，5G 在用户体验速率、连接设备数量、时延方面具备明显优势。其特点分别是：

（一）高速度

5G 提供超过 1GB/s，甚至可达到 10GB/s 的传输速度，相比 4G 的峰值下载速度 300ms，5G 理论上可支持高达百倍的提速。

（二）泛在网

泛在网指无所不在的网络，目标是在任意时间、地点通过任何人、物都能实现顺畅通信。在 5G 时代，为保证服务与体验，必须把以前的网络覆盖死角都消灭。因此，泛在网的实现是保证 5G 体验的一个重要条件。

（三）低时延

5G 要求空口时延小于 1ms，端到端时延小于 5ms。5G 对用户设备和基站之间的无线时延、基站和核心网之间的回传延迟、核心网延迟和互联网传输延迟等均进行了技术革新，以缩短整体延迟时间。

三、5G+X 理论

（一）5G 与社会生活

5G 超高带宽、超低时延，支持超高清视频 VR/AR、超高精度定位，推动以 5G 为核心的泛在智能基础设施与人们的娱乐深度融合。5G 将逐步渗透到人们生活的方方面面，并提升用户的娱乐生活体验，推动生活方式跨越发展。

"5G+超高清视频直播"，可以使娱乐内容变得更加互动、更具沉浸感、更清晰。用户有能力在任何时间、任何地点，从多个角度观赏超高清的大型表演和比赛，这增强了他们的现场感和沉浸体验感；同时，通过网络传输后再进行播放也能获得更好的体验效果。在 5G 技术的支持下，视频的剪辑和后期制作变得更加简单和智能化，使得每个人都有机会成为视频的创作者。

"5G+VR/AR 娱乐"，利用 5G 网络特性为玩家打造一个逼真的"世界"，带来全新的连接方式和革命性的沉浸式体验，人们体验娱乐内容的方式不仅仅是通过双手和双眼，还将带来触觉、嗅觉等体感回馈，其将成为新兴的娱乐方式。

"5G+高清快游戏"，游戏在云端的服务器运算和渲染，用户终端只负责显示和接收指令，游戏设备也不需要高端的显卡和处理器，这让游戏摆脱终端的束缚，彻底降低了顶级游戏的门槛，给用户带来更高清晰度、更高帧率的游戏画面，多屏互动随意切换，精准流畅随点随玩。

"5G+智慧出行"，让你的出行零负担，出行时间自由支配。民航将向旅客提供5G航天网联通信服务，乘坐飞机也可享受互联网的体验，进行办公、娱乐。5G让车看得远、听得懂、跑得稳，辅助驾驶可以赋予汽车"千里眼"。车路信息全网联动更能降低事故发生率、减少拥堵、提供智能化的道路交通环境。

"5G+智慧养老"，为老人提供精准服务、智慧安全、温馨幸福的老年生活。超高清视频实时连线子女亲人，意外跌倒智能检测，智能机器人提供送餐、洗衣、取药等便捷的生活服务，远程问诊及时得到名医诊断，使得养老方式更加贴心、形式更加高效。

"5G+智慧教育"，将颠覆传统教育方式，开启互联互通的教育新时代。VR、AR等技术将让教学内容更生动、更易懂，让学生从被动学习转变为主动学习。远程教育的普及将逐步改善教育资源不公平的问题，山里的孩子与重点学校的孩子同师同课。多样化的5G教学终端，让师生互动更智能、更便捷。

"5G+智慧物流"，解决"最后一公里"的配送难题，实现安全可靠的无人物流全链条保障。5G时代让你购买的物品从出库开始实时追踪状态信息，结合智能识别、自主避障导航等技术，让无人机、自动导引运输车、机器人实现"最后一公里"的无人配送，配送效率也将大幅提升。

"5G+智慧就诊"，促进医疗资源流动，缓解患者看病难的问题。智能导诊、5G远程超声机器人，有效解决挂号难、排队难的问题，为患者省力。影像云存储、人工智能智慧阅片、精简就医程序，为患者省时。5G 远程会诊、远程手术，让病人在基层就能得到更专业的治疗，为患者省心。

"5G+智慧旅游"，让游客无论何时何地都可以沉浸式地感受美景和文化。5G 和 AR 结合，让每位游客了解旅游的文化背景和内涵，更进一步看懂景区。5G 和人工智能技术结合可以为游客一键快速生成一份包含图片文字和视频的游记，用于社交分享。

"5G+智慧购物"，将为消费者提供优质和独特的购物体验。5G 智能机器人不仅提供导购、送货、目的地指引等服务，而且能提供人脸识别、室内精准导航服务。5G 和 AR 试装结合能够真正实现"所见即所得"，减少试衣成本，提高购物效率和体验。

（二）5G 与社会生产

5G 高带宽、低时延的特性，将使得 5G 承载各种控制信息，推动以 5G 为核心的泛在智能基础设施与实体经济深度融合。5G 将逐步进入各行业的生产环节，从资源配置、产品结构、生产效益甚至运营模式等方面带来改变，加速数字化转型，助力生产方式高质量发展。

"5G+智能电网"，5G 为电力通信网"最后一公里"的无线通信接入提供了更优的解决方案，提供定制化、安全可靠的"行业专网"服务，实现智能电网低成本、灵活高效、安全可靠的无线通信接入承载以及更加自主可控的网络管理，推动电力通信网络的智能化升级发展。

"5G+智慧工业控制"，替代了传统连接机械设备与 PLC（可编程控制器）间的现场工业总线，解决了固定线路阻碍灵活编排、机器人移动、大规模设备并发通信需求等问题，使得固定产线生产模式被逐渐解构，灵活可重新编排的制造单元、移动化机器人越来越多地进入厂房为生产制造灵活性、柔性化奠定了基础。

"5G+智慧农业"，实现各类传感器的广泛深入部署，并利用网联无人机开展航拍和植保，发展新型化、无人化和网联化农机，提升农村精细化种植和精细化养殖水平，解决人力劳动强度大、劳动力短缺等问题。

"5G+智慧金融"，促进银行智能化网点的数字化转型，突破物理网点的地域限制，让更多老百姓获得普惠金融和沉浸式服务体验，并为银行的智能营销、服务和风控提供强劲动力，推动银行业的数字化和智能化转型。

"5G+智慧港口"，提升装备智能化自动化水平，推进全自动集装箱码头系统建设。5G 高清视频实时回传，在高空作业的港口装卸环节实现远程控制。在港口装卸环节实现智能理货，减少人为误差。在运输环节实现港口无人运输系统，降低成本。

"5G+智慧航运"，加快航运信息化建设，有效提升管理部门监管效率，提高航运运输能力。基于 5G 的海事监管，通过实时视频回传、人工智能图像识别，提升监管效率，降低监管人工成本。通过高清视频监控、高精定位平台，实时精准地传输被测船舶信息。通过 5G 大带宽广覆盖能力，提供航运全程实时定位及通信服务

"5G+智慧物料管理"，赋能工厂内物料供应运输设备（如 AGV）的自控制、自排障和自决策，实现货架与运输设备间智能化互动，打通物料供应全流程，实现自动化物料供应处理。

"5G+智慧管廊"，促进城市地下管廊的全面信息化监测和智能化管理，加快对管廊各类信息进行收集和处理，实现各类故障的早发现、早处理和早预防，提升城市管廊运维效率。

（三）5G 与城市治理

5G 广泛多样的连接能力，通过结合人工智能技术，并应用无人机高清摄像、传感器等手段，将推动以 5G 为核心的泛在智能基础设施与城市治理深度融合。5G 将逐步渗透到城市的每一个细胞，包括水、电气、道路、航道等各个方面，

助力城市治理水平提升。

"5G+无人船河道清理"，可以替代人工实现河道信息高清视频回传、远程驾驶及自动河道清理，并辅以遍布河道的水质监测传感器以及基于5G超低时延的远程控制机械臂污水取样设备，实现驾驶和清理人员远程控制、检测和清理，其具有安全方便、精度高、成本低等优点，将大幅缩短工作时间、提高工作效率。

"5G+人群聚集管理"，可以为商业区、景区、大型活动场馆等各类人员密集场所提供人群密集风险识别与评估控制、区域承载量核定、危险预警、疏散仿真与预案编制等服务，全面提升管理效率及危险防控能力。

"5G+无人机应急救援"，开启应急救援新模式。当遇到地震、火灾洪水等灾难时，搭载高清摄像头的5G无人机将第一时间飞往现场，将现场情况实时传送至指挥中心，救援队即时响应，并将应急救援包投递至受灾现场，全力拯救每一个生命。

"5G+无人机安防"，全面保障智能化的5G网联无人机安防应用实现可移动、高效率和立体式的安防监控体系。通过搭载高清摄像机照相机和定位系统，甚至空中喊话、投放催泪瓦斯等不同设备，无人机既可作为"常规部队"，又可作为"先遣部队"，在警情出现时被派遣飞出，占领制高点，迅速帮助相关部门第一时间全方位获取现场信息，为后续执法人员提供有力帮助，大大提升社会安防管理效率。

"5G+智慧基础设施"，通过5G全面的连接能力与基础设施结合，包括"5G+智慧灯杆""5G+智慧井盖""5G+智慧楼宇"等，全面提升智慧社会治理效率及市民便利度。例如："5G+智慧灯杆"可以根据日照时间及环境智能调整照明光源，同时具备天气环境监测、视频监控智能充电桩、城市信息发布与交互、一键报警等功能，提升城市治理效率及市民便利度；"5G+智慧井盖"可以集监测、管理于一身，对井盖下水位信息和井盖状态信息进行实时监控并回传入云平台，并针对异常状态自动报警，同时管理人员可通过后台或者移动端设备随时随地查看，减少管理者和维护人员的工作量，更能精准地做到提前预防、实时监测、定期维护等。

"5G+空气治理"，基于"5G+"智能技术群的全面、精准和实时的环境监测体系可以协助政府和企业开展精准全面的环境污染治理和合理城市规划，帮助居民获得定制化环境信息、提升生活质量，并为产业链相关方提供实时、精准全面的环境数据，赋能实时环境状况查询、出行绿色路径规划、工业污染监控和环境预测及改善等创新业务应用，更为面向未来的精细化环保管理模式提供基础保障。

"5G+政务服务"，通过"5G+传感器""5G+无人机""5G+物联网"等设备和网络的应用，包括利用城市仿真技术对目标区域的动态进行还原与观测，在审批现场即可身临其境地对目标区域进行勘察，从线上智能化到线下智能化，重新定义"智能便携审批"，真正实现行政审批事项的"秒批"，并且助力群众从"少跑路"到"不跑路"。

"5G+智慧城管"，实现市政设施的智能管理和远程调度，助力形成全方位覆盖、高效率运行的新型城市管理模式。城市管理人员利用城管智能终端设备，将城管巡逻、侦查取证、处置突发事件等各种现场获取的视频、图片、语音、数据等信息传输到城管系统中进行分析处理。城市管理部门可以实时连接，多方协作，从而进行远程操作，有助于管理主体从全局角度分析并实时解决问题，大大提高了城市管理的效率以及跨部门、跨领域的协同治理能力。

四、5G 应用

5G 通信技术具有三大网络能力，包括增强型移动宽带（eMBB，简称大宽带）、海量及其连接（mMTC，简称大连接）和低时延高可靠（uPLLC，简称低时延）。

5G 所具备的核心能力涵盖了人工智能、物联网、云计算、大数据以及边缘计算这 5 大领域。这些能力将通过不同方式为用户提供服务，其中最重要的是移动通信网络能力。5G 网络的能力与其基础的通用能力紧密结合，预示着它在智能交通、智能制造、自动驾驶、虚拟现实/增强现实、大规模物联网以及智慧城市等多个领域都有着广阔的应用潜力。

（一）"5G+" 与娱乐

1.5G 高清视频——超高品质的视听盛宴

近几年，随着消费者对视频清晰度需求的持续增长，视频影像产业正在经历一场深刻的变革。超高清以其清晰逼真、自然流畅、内容丰富等特性，成为未来电视领域发展的方向之一。目前，视频技术正处于从高清技术向超高清技术的转变过程中。随着分辨率的提升，人们可以在不需要任何辅助设备的情况下观看到更加清晰的图像信息，从而极大地方便了人们生活中的方方面面。超高清视频因其高分辨率、高帧率和高动态范围，使得画面更为细致、流畅和真实。其宽色域、高色深和三维全景声使得色彩更加丰富和精确，声音更加具有空间感和方位感。这将彻底改变视听产业，激发商业模式的创新。超高清是对传统视频技术的一次革命。高分辨率的技术赋予了图像更为丰富的视觉层次和更为精细的细节处理，从而让整个场景展现出更强的立体感和空间感。在这个过程中，人们对图像质量的要求也越来越高，从普通的静态图片发展成为实时动态效果的高品质影像。图像分辨率从全高清扩展到 4K 超高清和 8K 超高清，每幅画面的分辨率从 1920×1080（大约 207 万像素）增加到 3840×2160（大约 829 万像素）和 7680×4320（大约 3300 万像素）。同时，为了保证图像在传输过程中不发生抖动，还需要采用高频率、大带宽、低噪声、低延迟等传输技术。利用高频技术可以进一步增强影像的细腻度和流畅性，从而为观众提供更为舒适的观赏体验。在高频技术中最重要的是运动镜头与高动态范围视频流之间的切换技术，它能让我们获得更为清晰的图像效果和逼真的音效表现。在帧率达到每秒 120 的情况下，高频技术能够有效地解决运动镜头画面的跳停和模糊问题，从而彻底消除在高亮度和宽视角条件下出现的临界闪烁现象。同时还可提高画质、减少噪声以及抑制色偏问题等。声音的三维真实感是由三维声技术所决定的。通过对传统立体声制作工艺的改进，可以提高立体声播放效果并降低其成本。三维声是一种具备三维空间和方位感知的声音形式，它能让听众在观看过程中感受到与现实世界中的现场场景相似的听觉体验，为观众提供一种仿佛身处其中的沉浸感。

超高清视频的一个显著优势是它拥有极强的现场感和实物感，能够对现实场景进行非常细致和逼真的再现，特别是对于那些要求极高的体育赛事转播，超高清显示能够提供非常真实的视感。在高清视频时代到来之前，人们观看体育赛事只能通过模拟电视机进行现场收看。随着视频的分辨率和帧率逐渐提升，4K/8K 的视频文件在大小和码率上都有了显著的增长。由于目前高清网络传输速度无法满足超高清对实时性的需求，因此必须采用更高的带宽来进行观看，这将极大地影响人们收看电视节目的体验。根据中国通信标准化协会公布的《4K 视频传送需求研究报告》，对于最高带宽要求的 8K 视频，需要 135Mbps 的带宽，而对于最低带宽要求的入门级 4K，也需要 18～24Mbps 的带宽。但是，目前的 4G 和 Wi-Fi 带宽是有限的，不能很好地支持超高清视频的传输和在线播放，这使得超高清直播的普及变得困难。

5G 网络对于 4K 乃至 8K 超高清视频有着良好的承载能力。基于 5G 网络的超高清视频有广泛的应用场景，如大型赛事直播、大型演出直播、重要事件直播等，结合 5G 切片网络能力和人工智能技术，其将为超高清视频娱乐体验带来更大的想象空间。

基于移动场景下的挑战，5G 可以应用于超高清视频的采集、传输分发及播放，实现端到端网络保障，有效弥补现有带宽不足及专线成本过高的现状，同时端到端网络切片技术可以为制作传输和用户观看提供有效的 QOE（体验质量）保障，提升用户体验。同时，5G 的低时延可以满足用户在观看综艺与现场演出时的个性化互动需求。

例如 2018 年第 23 届冬奥会在韩国平昌举行，其中高山滑雪、冰壶、花式滑冰、冰球、短道速滑、高台滑雪、俯式冰橇、单板滑雪等大量比赛采用了 5G 高清直播，为用户提供沉浸式 5G 体验服务，包括同步观赛 360 度全景直播、互动时间切片等。

在 2019 年 2 月，中国移动联合中央广播电视总台，成功实现了将央视春晚深圳分会场的 4K 超高清信号回传至中央广播电视总台北京机房，在全国范围内首次实现 4K 超高清内容的 5G 网络传输，让 5G 的场景应用备受关注。

2. 5G 云 VR/AR——革命性交互方式和全沉浸式体验

随着计算技术的持续进步，移动设备变得更为小巧和智能，人与机器的交互也更加接近自然。经过计算机和智能手机的发展，VR 有望成为新一代的计算平台，并可能成为 5G 时代的标志性应用。目前，国内的 VR 生态系统正在逐渐走向成熟，终端设备也正逐步向轻量化和移动性方向发展，同时内容也将变得更加丰富，VR 游戏和 VR 视频等娱乐场景预计将成为主流。未来虚拟现实系统中最关键的因素之一就是人与设备之间的信息交流以及互动体验。根据不同的交互模式，VR 应用可以被分类为弱交互应用和强交互应用。其中，弱交互应用主要采用 360 度全景技术，涵盖了 VR 360°视频、事件直播、旅游和房地产等多个领域。强交互应用主要以虚拟现实技术和增强现实技术为主，如虚拟手术、远程培训等方面。强交互应用主要依赖于 CG（计算机动画）技术和复杂的计算机图形渲染，涵盖了 VR 游戏、教育、医疗和工程等多个领域。

（1）5G+VR游戏，新兴的娱乐交互方式

游戏一直是最广泛的娱乐需求之一，VR游戏将会是首个发展起来的VR消费者市场。相比其他行业，游戏行业的VR技术应用更加成熟，游戏的特性也与VR技术更加契合——追求沉浸感。市面上的VR游戏内容也较丰富，用户愿意为游戏体验付费。利用VR技术让玩家走进虚拟的游戏世界，拥有沉浸式视听感受，并通过身体的运动进行游戏，成为自己梦寐以求的英雄角色。VR游戏结合云计算技术，将内容上云、渲染上云，有效降低了用户侧对终端的要求，从而降低了消费门槛。用户只需要较低的成本就可以在虚拟世界中遨游，利用5G强大的带宽和超低的时延，体验沉浸感十足的高质量VR游戏。

VR游戏以其高度的交互性、沉浸感和趣味性为特点，非常适合家庭娱乐活动。随着虚拟现实技术不断发展，其应用范围也越来越广，在家庭领域更是被广泛应用于教育教学、医疗护理、休闲旅游等方面。5G云VR技术为VR游戏提供了更低的入门难度，并利用5G网络的特点，为玩家构建了一个逼真的"虚拟世界"。玩家不仅可以通过双手和双眼来体验游戏，还可以通过触觉、嗅觉等感官来感受游戏的魅力。在这种环境下，用户能更好地与虚拟角色进行交互，并感受到身临其境般的感觉。因此，对于步入家庭来说，5G云VR游戏成了一种更为合适的新型家庭娱乐选择。

（2）5G+VR/AR视频点播和直播、影视、传统内容的新体验

VR视频的点播与直播功能，一般提供360度的全景摄影，能够从多个视角播放，主要服务于事件直播、新闻报道、体育比赛、音乐会现场以及展览等，吸引了众多观众。VR直播主要采用被动摄影技术，拥有丰富的场景和多样的视频资源，总体来说，其难度是比较低的。由于虚拟现实系统可以提供身临其境般的感官刺激，因此在很多领域都有很好的应用前景。然而，当前仍然面临一些挑战：用户的观看习惯和交互习惯需要更多的时间来培养；全景摄影设备、后期处

理算法、图像拼接技术以及观看设备都存在一定的局限性。考虑到现有网络传输的高延迟和低带宽问题,这些因素可能会导致用户体验到眩晕和其他不适,从而影响他们的沉浸感。

5G 高质量的网络环境可以给体验者带来流畅自然的体验。同时,由于边缘计算的引入,可以根据用户观看方向实时转码出屏幕需播放的内容,将原本 360 度的视频压缩至原来的 $1/3 \sim 1/2$,为用户节省了流量成本。同时,播放此类视频对用户硬件设备的配置要求更低,间接节省了硬件设备的购置开销。

(3) 5G+VR 旅游,旅行新选择,展览新方式

VR 技术的沉浸式特点使得用户能够身临其境地参观各种旅游景点,并实现远程游览展览、博物馆和样板间等多种愿望。通过虚拟现实设备将场景与游客连接,在一定程度上实现了对现实世界的真实体验。VR 的远程展示技术可以根据展示的内容被细分为虚拟的景区、展示厅以及虚拟的样板房。虚拟景区采用 VR 技术来模仿真实场景,创建了一个虚拟的三维景观环境,使得游客无须外出就能欣赏到遥远的自然美景。虚拟展馆则以虚拟现实为主,结合传统建筑模型和场景设计软件,实现对室内或室外建筑物及其相关设施的全方位展现,并能提供多种交互方式。虚拟展厅利用 VR 技术在网络上重新构建了展品和展示空间,允许用户通过 VR 设备在其中自由漫游和浏览展品,甚至可以与展品进行互动。这种虚拟样板间是通过 VR 技术创建的三维样板间,借助 5G 的强大移动网络,用户可以在任何时候、任何地点体验房屋的空间布局和尺寸。

(二)"5G+"与出行

5G 将为人们的交通出行带来翻天覆地的变化。在地面上,智能网联汽车为出行实现更好的路径规划,快速将乘客送达目的地。即使在雨天,乘客也不用排队等待滴滴司机接单。在空中,民航向旅客提供航天网联通信服务后,手机也可以像在地面上一样使用。旅客可以选择观看自己喜欢的片源或随时参加工作视频

会议，娱乐、工作将不再受到飞行的约束。在轨道交通中，无论在高铁还是地铁等轨道交通工具上，乘客都可以享用高质量的网络，不会因其行驶速度过快而发生断网或者通话中断现象。甚至一些未来科幻电影中的出行场景也会随着"5G+"的到来成为现实。本节将主要围绕基于 5G 的智能网联汽车和航天网联通信服务进行介绍。

随着 5G 技术的普及，我们可以预见到人们的出行方式将变得更为智慧和方便。作为未来城市交通工具之一的汽车，也会随之发生改变。5G 技术为交通领域注入了新的活力，使车辆不再是冷漠的交通工具，而是充满活力的辅助工具，这与过去人们骑马出行的方式相似：车辆可以"理解"人的声音，并带领人前往你心仪的任何地方；车辆具备"远距离观察"的能力，当你驾驶车辆时，你可以四处张望，倾听四周的声音，并始终保持对环境变化的警觉。提前做好准备，确保车辆能够"稳定行驶"，并在任何紧急或危险的情况下，都能安全地载你，没有任何失误；当你不能适应特定的环境条件时，你的车辆有能力"冲在最前线"，从而完成你的任务。从这一刻起，你的旅程将超越单纯的通行，转变为一种创新的驾驶和乘坐体验，为你的日常生活注入全新的活力。

为了能让汽车在出行过程中"听得懂""看得远""跑得稳""冲在前"，信息技术和人工智能被广泛应用到行业中，同时其地位日益提高，因此车联网产业发展形成三大趋势：

一是智能化。随着车辆自动控制功能的逐渐增强，全面的自动驾驶技术将最终得以实现，这将进一步改变人与车之间的互动关系，为人们在车内进行信息消费创造了有利条件。

二是互联网化。在网络环境中，车辆将充当信息的中心节点，与外部世界进行频繁的数据交互，这将进一步改变车辆与人、环境之间的互动方式，使其能够实时地感知到周围环境的信息，从而产生更多种类的信息消费行为。

三是共享化。随着自动驾驶技术的广泛应用，绝大多数人现在无须再购置自己的车辆，他们可以将出行视为一种根据需求提供的服务，充分共享道路、汽车等资源，从而提升社会的整体运营效率。

随着基于 5G 技术的智能网联汽车技术的进步，人们的出行习惯预计会经历巨大的转变。未来，智能驾驶将成为人们日常生活中不可或缺的一部分。当你的双手得以从方向盘中解脱，随之而来的是为娱乐、信息、办公和传媒等领域创造了广阔的服务内容市场机会。未来，智能驾驶、自动泊车、车联网等新技术将会被广泛运用到我们生活中的方方面面，而其中也会出现很多新的商业模式和产业形态。这些创新的应用场景预计会带来强大的动力，足以重新定义整个汽车行业，并挑战现有的汽车所有权和流动性观念。

1. 编队行驶让车辆"跑得稳"

编队行驶描述的是一批车辆以非常接近的距离（如几米或几十厘米的间隔）行进。由于在高速公路上高速行进会导致车速加快，因此必须保证相邻两车之间有足够长的安全距离。为了维持车辆之间的距离，车辆必须实时地分享各种状态信息，包括速度、行驶的方向、刹车系统和加速度等。同时由于不同车队之间存在着较大差异，因此，必须对这些信息及时更新。当车辆的信息发生变化时，必须通过 5G 超低时延网络传输信息，以确保队伍中的其他车辆能够迅速做出响应。另外，在高速运行过程中，编队行驶能有效地提高安全性和可靠性，避免追尾事故。通过采用编队驾驶方式，不仅可以减少车辆之间的距离，还能在总体上降低油耗，并相应地减少驾驶员的数量。如果没有采用编队行驶方式，车辆之间的通信将变得非常困难。当乘客乘坐编队行驶的车辆时，他们感觉就像是坐在"公路上的火车"上，能够平稳、迅速地到达目的地。此外，编队行驶还可以帮助后车实现跟随式的自动驾驶。

2. 自动驾驶让车辆"听得懂"

在自动驾驶汽车中，驾驶员的角色已不再是必需的。当乘客上车后，只需告知他们想要前往的目的地，车辆便会根据其传感器收集的数据和路测单元传递的信息，利用 5G 网络将信息上传到云端。然后，通过边缘计算技术，将最优的决策迅速传达给车辆，确保车辆能在极短的时间内做出响应，迅速且准确地将乘客安全送达目的地。当遇到紧急情况时，车联网系统也会主动通知司机，帮助他们应对突发情况。此外，每一辆汽车都会通过 5G 网络与其周围的其他车辆保持持续的"沟通"，分享其驾驶的意向和意图。这些技术使得人们能够实时了解周围情况，同时也能及时掌握出行路线，为安全行驶提供了保障。利用 5G 的自动驾驶技术，我们可以增强驾驶的安全度和提高交通的效率。

3. 扩展传感器让车辆"看得远"

在扩展传感器的使用场景中，每辆车和路边的基础设施都配备了一个大型喇叭，这些喇叭持续地向外界传递其信息，确保道路上的每一个物体都能感知到车辆或基础设施的真实意图，从而提前进行预测，减少潜在的损失和伤害。这个场景允许本地传感器收集的数据或实时视频数据，在车辆、路侧单元、行人设备和车联网应用服务器之间进行交换。例如，当车辆行驶过程中检测出前方存在障碍物时，可以通过车载摄像头向路侧后方传输目标距离及速度等相关数据。这批数据之间的互动实际上扩大了车辆传感器的侦测范围，这不仅增强了车辆对其所处环境的感知，还让车辆对其周围环境有了更深入的认识。

4. 远程驾驶让车辆"冲在前"

在遭遇如山体滑坡和森林火灾等自然灾害的情况下，由于救援环境极其恶劣，救援团队无法正常驾驶，这迫使他们必须采用远程驾驶的方式来施展拳脚技能。驾驶员有能力在任何一个安全的位置，通过 5G 网络远程控制车辆的行驶，从而实现驾驶员和车辆的分离，使车辆能够迅速到达指定的地点。此外，还能根据不同路况选择合适的路线进行紧急避险和救援。此场景也适用于公共交通或其他行驶路径相对稳定的场合，以降低驾驶员在两个不同地点之间频繁往返的可能性。

（三）"5G+"与医疗

我国的医疗资源分布不均，跨地域就诊难，一直是医疗卫生行业发展的痛点。随着 5G 时代的到来，就医难有了被化解的希望。通过 5G+医疗，并且与大数据、云计算、边缘计算和人工智能等前沿技术的充分整合和运用，5G 在医疗行业的应用越来越呈现出强大的影响力和生命力，对推进深化医药卫生产业发展，起到重要的支撑作用。

远程诊断、远程手术、应急救援是当前 5G 与医疗行业结合最紧密的 3 个应用领域，5G 与医用机器人和视讯通信等设备的结合，协助医院实现远程诊断、远程手术、应急救援等智慧医疗应用，解决小城市和边远地区医疗资源不足的问题，使患者得到及时的求助，提升医疗工作效率。

1.5G+远程医疗诊断

现状是，我国拥有超过 3 万家医院，但医疗资源的分布并不均匀。其中，80％的医疗资源主要集中在 20％的大城市，这导致大型医院的患者人数过多，但在偏远地区，就医变得更为困难。因此，需要借助现代信息技术手段，构建"以病人为中心"的信息化服务平台，将分散于各地的医疗机构整合起来，形成区域内统一的网络信息平台，从而达到资源共享、优势互补的目的。作为传统门诊服务的一个有效补充，远程会诊能够跨越时间和地理的界限，从而在一定程度上实现医疗资源在不同地区的有效分配。随着医学技术发展，远程诊断逐渐成为一种新趋势。在偏远地区，医疗资源非常有限，难以诊断和治疗的复杂病例，再加上转院可能导致病情恶化，因此，通过远程专家会诊可以显著提高诊断和治疗的及时性。由于互联网技术的发展，人们获取信息的渠道越来越多，信息传播速度越来越快。要进行远程会诊，不仅需要实时的视频通话，更为关键的是要传输大量的高清医学影像数据。有些医学影像的清晰度已经达到了 4K 的标准，这对网络速度提出了很高的要求，而 4G 网络显然无法满足这些需求。另外，由于目前国内没有专门针对大型三甲医院建设的宽带骨干网络设施，大部分地区都采用了以本地运营商为核心的"点对点"方式构建宽带网。尽管有线网络的网络速度是足够的，但许多基层医疗机构却难以承担一条高速专线的费用，并且在一些灾难应急情况下，有线网络也不能迅速铺设到临时医院。因此，如何构建一个高效实用的无线局域网来实现远程会诊就成了亟待解决的问题。5G 网络具有极高的带宽容量，这不仅能满足远程会诊对网络速度的需求，还能突破有线网络或 Wi-Fi 的局限性，使得专家能够在任何时间、任何地点进行会诊。

2. 5G+远程手术

在医疗设施相对落后的地区，通过远程手术，病患可以在不需要转院的情况下，接受由专家提供的高级手术治疗，这无疑为众多病患带来了一线希望。在这种情况下，传统医院中的医生们面临着巨大挑战。远程专家通过操控机械臂和配备超高清医疗影像系统，能够身临其境地进行患者的手术救治，这一过程依赖于高速、低时延的网络支持系统。

（1）5G 具有超大带宽特性，传输速度不输有线网络。

（2）得益于更短的传输间隔、上行免调度等设计，5G 能将空口时延缩短到1ms。

（3）5G 网络还能为用户提供具有端到端业务质量保障的网络切片服务，能够保障操作的稳定性、实时性和安全性。

利用 5G 网络以及视讯、生命监护仪、医用摄像头、AR 智能眼镜内窥镜头手术机器人等设备，实现远程机器人手术、远程手术示教和指导等应用。

以结合人工触觉和新型自然腔道手术工具的全球首个远程手术操作为研究对象，介绍了一种全新概念的人机互动系统——机器人触摸辅助手术。当执刀医生身处遥远的地方时，他们能够利用机器人的触感技术、创新的柔性手术工具技术以及 5G 网络的反馈，通过手指的触觉感知和高清视频信号，实时锁定坚硬的肿瘤和柔软的细胞组织位置，从而为病人进行手术操作。该项目突破了传统外科治疗中只能依靠外科手术医师经验判断切除范围及深度等弊端，利用先进人工智能科技手段将其转化为现实。通过实现触觉和视觉信息的实时人机交互，医生在远程操作时可以感受到身临其境的感觉，这不仅可以使手术更快、更稳、更准，而且对于在急救的"黄金时间"中挽救更多病人的生命、解决跨地域医疗资源不均衡的问题具有极其重要的意义。

远程手术对手术的安全性有着非常高的标准，根据不同的手术类型、速度和延迟都有不同的要求，但这些要求之间的区别仅仅是高或者更高。为了提高手术效率和质量，我们需要考虑如何通过优化系统来提升整个手术过程中的服务质量。与传统的 Wi-Fi 网络和 4G 网络相比，5G 网络在部署速度和网络覆盖范围上都表现得更为出色。同时随着移动设备计算能力的提高，人们对于无线网络质量也提出了更高的需求，因此需要考虑如何利用新技术来解决这些问题。从性能的视角看，5G 网络完全能够满足其对于时延的可靠性和传输速度的严格标准。

3.5G+应急救援

在急救病人的情境下，急症病人从上车到入院的这段时间是极其宝贵的，但由于救护车上的医疗设备和急救人员的技术水平等因素的限制，患者能够得到的救治是相对有限的。为了减少这些因素给抢救带来的损失，在院前救护中引入了移动医疗技术。如果我们能够实时、高清地将救护车内的监控信息传送回医院，并将患者的生命体征数据发送到数据中心进行分析，从而实现患者信息的实时精确共享，这将有助于医院医生实施远程会诊和远程指导，提前进行急救部署，为患者争取宝贵的时间。

利用 5G+的紧急救援技术，可以显著提高救援的效率和服务品质，为挽救患者的生命争取宝贵的时间。基于物联网技术设计了一种可穿戴式医疗救护系统。通过使用 5G 网络和其他如医用摄像头、超声仪、心电图机生命监护仪、除颤监护仪、AR 智能眼镜等高端设备，我们能够为救护车或现场，提供紧急救援的远程指导和救护车的交通疏导服务。

4.5G 远程实时会诊——基层也能看专家门诊

远程实时会诊是一种医疗咨询服务模式，其中远程医疗专家会通过视频实时地指导基层医生对患者进行全面的检查和诊断。远程实时会诊可以有效提高基层医师诊疗水平和服务质量，降低医疗成本，减少医疗纠纷。远程实时会诊通常是在医疗联合体内的各个医院之间，或者是在医院总院与分院之间进行的。目前，国内大部分地区都有建设或正在规划建立区域性远程实时会诊系统。在早期，基于 4G 网络技术，我们已经能够完成基础的视频交流和检查信息的共享。随着医疗设备向小型化和移动化方向发展，现在已经出现了如 VR 眼镜、MR 智能医疗眼镜、数据头套等移动无线医疗设备。由于这些设备体积大并且价格昂贵，而无法直接应用于日常诊疗过程中。医室的两侧都配备了 VR 4K 高清视频，这为网络带来了 40Mbps 的传输速度需求，而基于 VR 的远程急救指南则对网络有 20 毫秒的延迟要求。同时由于医院内各科室医生数量众多、患者人数多，导致医院内部存在大量冗余资源浪费。要确保远程 VR 实时会诊的效果，5G 的技术支持是不可或缺。远程实时会诊对视频的清晰度有着严格的标准，而 VR 的真实体验也让医生和患者之间的沟通变得更加流畅。因此，必须建设一个高带宽低延时的宽带无线网络作为支撑平台来提供高质量的视频会议服务。与传统的 Wi-Fi 和 4G 网络相比，5G 网络在部署时具有更广泛的覆盖范围，无论是医院内部还是医院外部，都可以实现全面的网络覆盖。因此，在医院内或社区中建立一个完整的医疗云平台可以有效地提高医生诊疗效率及患者满意度。从性能角度看，5G 网络完全能够满足 VR 高清视频在传输速度和延迟方面的需求。

（四）"5G+"与教育

首先，5G 与 VR、AR、全息投影等先进技术相结合的沉浸式教学方式，使得学习过程变得更为简单和愉悦。5G 技术可以有效地解决教室光纤覆盖周期长、成本高、无法灵活开课等问题，同时也弥补了基于 Wi-Fi 导致的远程直播卡顿、不稳定和虚拟教学交互体验差等问题。5G 的高带宽、低时延以及边缘计算和网络切片技术，使得沉浸式教育能够从科技馆走出，进入真实的课堂环境，进入普通院校，为广大师生提供服务。其次，虚拟现实技术在教育领域应用广泛，它以其丰富的内容资源、逼真的三维仿真效果为学习者提供身临其境之感，极大提升学习者对事物理解水平和学习效果。通过 VR、AR、全息等先进技术，天文、地理、生物和化学等难以用文字描述的领域将得到更为生动的传播。这将为学生提供一个全新的视角来看待这个世界，使他们能够将所学知识转化为所感、所见甚至所做的实践，从而收获深度学习的体验。

5G 技术使得教育不再受到时间和空间的束缚，从而实现了教育的公平性和终身学习的目标。再次，"互联网+教育"为教育改革提供了新模式和新动力。地域间的差异导致的资源分配不均是社会进步的直接后果，因此，教育的公平性成了教育领域的首要挑战。如何解决这一问题？在 5G 时代，缺乏设备、教师和资源都成了追求教育公平的障碍，解决这些问题是实现教育公平的基石。在这个时代，偏远山区的孩子们可以通过远程方式学习重点学校的课程，并与知名教师进行实时互动。这样，原本移动的"黑板"平面体验可以转变为全景的移动"课堂"，为贫困地区的孩子提供最有效、最直接的精准扶贫方法，帮助他们掌握知识，改变命运，为社会做出贡献。随着互联网技术不断升级，越来越多的年轻人开始用手机上网浏览新闻和观看视频。除了在校学生，上班族也能在任何时间、任何地点享受到"网上课堂"带来的学习乐趣，而老年人也能在家里通过高速网络学习"老年大学"的课程。

1. 移动学习，让知识随处可在、随时可得

为了实现终身学习，移动学习显得尤为关键。那些参与终身学习的社会成员所处的背景和学习环境是多种多样的，他们需要一个可以移动的泛在环境，能够随时随地获取学习材料，并与课堂进行互动，因此，移动场景成了终身学习过程中的一个关键环节。

VR 科普馆是移动学习的一个标志性场所。用户可根据需要选择观看相应课程的直播内容，也可以在场馆现场课堂中观看相关课程的虚拟演示内容。VR 科普馆利用 4K/8K 全景摄像机等先进设备，将科技馆和博物馆内的展览、科普教育内容以及其他科普教育知识转化为 VR 视频内容，或者通过数字化技术转化为 VR 应用，这些内容随后通过云平台进行存储、管理和分发。在这种情况下，用户就可以随时随地参与到课堂教学中来。在展馆的实时课堂环境中，学生会根据展馆老师的指导，在必要的时候戴上 VR 头来进行沉浸式的体验课程。而在异地学校，学生可以实时地看到老师授课的场景，并按照老师的指示，和展馆的现场听众一样，同时戴上 VR 头来进行体验。这种方式不仅能让学习者有身临其境之感，还可实现互动交流。在 5G 技术的助力之下，无论是教师教授的视频内容还是 VR 头显的内部体验，都能与实际场景完全同步，没有任何延迟。即使在没有直播教学的情况下，用户仍然可以通过终端设备访问云平台，以观看 VR 科普馆上丰富的虚拟科普内容。

采用 5G 网络来实施 VR 指标的教学策略。在实验室中设置一台摄像机，安装在一个可以移动的位置上。摄像头捕捉了现场的图像并进行了拼接，然后通过 5G 网络将其传输到云端服务器，服务器再通过 5G 网络将实时的画面推送到头显端。在远程监控端的视频播放过程中可以同时观察多个学生的学习情况，教师有

能力通过控制端对受控终端实施统一管理，从而顺利完成教学任务。

2. 慕课教育，高端知识有效交互

中国的教育资源在不同地区的不均衡问题已经存在很长时间，而在线教育直播的主要目标是为教育水平相对较低的地区提供价格更低、质量更高的普及教育资源。随着互联网技术和云计算等信息技术的不断升级，在线教育逐渐由原来单一模式向多元化方向转变，其中包括网络教学平台的搭建，优质资源的推送以及个性化学习服务等方面。基于传统的在线教育模式，5G 技术催生了慕课的迅速崛起，并在普惠教育的框架内实现了高级知识的高效交流。

慕课教育服务通常不是在固定的区域或者教育基础设施齐全的地方提供的，因此基于 Wi-Fi 或热点等网络的承载方式很难确保通信的高质量。因此，利用无线网络技术构建远程教育环境成为可能。得益于 5G 的低延迟和高带宽网络基础，在线教育产品现在能够展现出比过去任何时期都更加出色的互动性能。通过建立云计算平台，实现师生之间的即时互动以及在线直播。教育的传递不再受到地理距离的限制，即使是相隔数千里的老师和学生，他们之间的互动就像是面对面，学生的每一个面部表情都无法逃脱老师的观察。学生通过移动终端上传到云端，就能够获得更丰富的教学资源和个性化的教学方式，并能根据自己的需求自主选择相应资源。通过实时上传学生的学习数据，并结合合适的模型，可以实时了解学生的学习状况，这也为教师提供了反向的教学方向和速度指导。同时，在移动端实现"云"时代的智慧课堂，为学习者提供了更加丰富和个性化的服务。得益于 5G 万物互联和低时延的优势，远程操作也即将成为可能。传统的职业教育能够突破地理界限，提升实际操作的效率并减少成本。同时，通过网络技术，可以实现异地同堂上课和在线辅导。此外，这也能显著减少传统职业教育中实践教学的安全隐患。

3. 5G 远程双师课堂，打破教育资源不均衡

双师课堂是远程教学的主要场景，主要解决乡村教学点缺师少教、课程开设不齐的难题，促进城乡教育均衡发展。

针对现有双师课堂采用有线网络承载业务存在的建设工期长、成本高、灵活性差等问题，以及采用 Wi-Fi 网络承载业务导致的音视频延迟、卡顿等问题，5G 网络的高带宽、低时延等特性可以实现可移动性的灵活开课，随需随用。同时，可以支撑 4K 高清视频传输以及低时延互动的沉浸式双师课堂应用，有效解决传统双师的交互体验问题，为双师课堂的长远发展提供有力保障。

4. 5G 全息教学，延展新颖教学内容

针对中国教育资源分配不均问题，通过 VR、AR 技术，以全息投影的方式，将名校名师的真人影像以及课件内容通过裸眼 3D 的效果呈现在远端听课学生面前，实现自然式交互远程教学。将"5G+全息投影"技术应用于教学，一是可以让书本上的知识活起来，可以充分调动学生的主观能动性。二是可以打破目前中心学校与教学点资源不均、校校连接难以全面打通的局面。以全息技术为基础的智慧教学场景，通过一对一远程教学，同时可以一对多、多对一以及多对多直播互动的模式，实现多地区共享优质资源。三是实现了不改变师生交互习惯的远程教学，教学适应性强。